艺术概论新编

第二讲

第三讲

第四讲

第五讲

第六讲

第七讲

第八讲

艺术概论新编

刘三平 编著

YISHU GAILUN XINBIAN

第一讲
第二讲
第三讲
第四讲
第五讲
第六讲
第七讲
第八讲

高等教育出版社·北京
HIGHER EDUCATION PRESS BEIJING

内容提要

本书在对目前艺术概论进行综合分析思考的基础上，以独特的行文格式和个性化的语言风格重新书写艺术学理论体系中的关键问题，对艺术的本质、艺术的鉴赏、艺术门类的研究都有新的理解和形象化的描述。本书把基本的理论问题放在具体的审美过程和艺术个案中来讲解，在讲解具体的审美和艺术时又充满文化的意味。

序

这应该是一部研究和阐释艺术理论的书籍，但是，我却不愿将它命名为《艺术概论》或《艺术学概论》等名称。对于它的名称，我很是踌躇。我希望读到这本书的朋友能够感觉到它和通常原理著作或概论著作的不同，并且对这种写法发生兴趣，这就会令我非常满足。为了体现出我的这种愿望，也为了给大家一个提醒，我姑且叫它《艺术概论新编》吧。

其实，体现出“不走寻常路”的风格，主要还不在名字，而在内容。本书的内容就试图凸显这种风格。艺术是一种感觉，当它被理论化之后，也应该保存有感性的特征。所以：

我试图让整本书都没有特别明晰的章节提示，名之为“八讲”就是希望这只是几次交谈，几次关于艺术的对话。“讲”之下，也没有设大一、小一等层次标题，而是用另一种较为轻松的方式，告诉朋友们，我的话题在不断地转移。但是细细感受，会发现里面还是有一个比较明晰的逻辑线索，只是我不希望大家依赖外在的标志而放弃自己对于思想脉络的追踪。

我会告诉大家一些普遍的观点，也会委婉地说出自己的感受。为什么委婉？因为艺术自身的空白和不确定性可以让我们有多元化的思考，我只是其中之一的代表。我渴望我们在了解这个世界的大概之后，再回到自己的内心，去看自己与艺术的碰撞会闪烁什么样的火花。我想艺术理论就是艺术史，艺术史还处在永恒的发展流变中，艺术的天空中，我们彼此都是散落的星斗。

我始终认为讲述艺术的理论，不能离开美学的背景。艺术作为感性的显现，应该表达一种感性的完善；艺术作为人类心灵的感性表达，应该首先是一种感情和感觉。把这种感觉讲出来，让听众能够有所触动，是每一个艺术的创作者和接受者都向往的境界。作为艺术理论的讲述者同样向往这种境界，我在本书中就表达了这方面的努力。

我深信艺术不应该是神秘而又高贵的东西，它们是人类的造物，最终目的应该是服务于人类的眼睛和心灵。我相信真正有价值的作品，一定会有一种大家可以领会的艺术语言，以便让我们感动。

我也深信，艺术理论不是与现实人生隔绝的东西，用平易的语言、切身的体验、诗意的想象去描述艺术理论，可以最终拉近我们与艺术的距离。

如果一个原本热爱艺术的青年，在阅读了一本讨论艺术的书，或者修了一门艺术理论的课之后，再也不想接触艺术了，那该是我们这个时代的悲剧。美，是一种拯救，艺术中的美使人反思、渴望、悲悯，接触艺术，接触美，不应该是困难的事。

我的这本书能否呈现为我所期待的面貌，能否让我们在这个纸上的乐园相遇、相知，需要读者朋友们心灵的介入。我期待我们在艺术的世界里一次次重逢。如此，我们不再是孤独跋涉在理论世界的寂寞面孔，艺术让我们学会对话和分享。真诚期待朋友们指出本书的不完备之处，有以教我，让我们共同拥有艺术化的人生。

刘三平

2010年5月11日

目 录

第一讲　你如何认识这个世界

——换一种角度谈艺术本质

谈论艺术在今天似乎是一件很平常的事。因为细细看来，我们几乎每时每刻都生活在艺术品的包围中——案头的小说、CD里的音乐、电视台的节目，走在大街上，无意中邂逅的街头雕塑，装修房子时，点缀房间的绘画作品。我们的日常生活可以很艺术。但是对艺术品的爱或者说对美的、悦目的商品的爱并不一定可以让我们离艺术更近。因为对于很多热爱艺术的人，要他们谈什么是艺术，还是一个很令人困惑的问题。这就呈现出来一种状况：我们可能爱的是艺术品或者艺术的、浪漫的生活状态，但是什么是艺术，以及艺术从什么时间走入人类的生活，艺术学要研究什么，就是一个与日常生活有相当隔膜的话题。所以，每一个刚刚进入艺术院校的学生或者每一个充满情趣的艺术爱好者可能都希望对艺术有更多的理解，虽然我们可以把对艺术的研究称作艺术学原理，但是我们也还是可以从一个比较感性的层面讲起。

一般讲述艺术理论的教材都会在开篇就很严肃地讲述艺术的本质问题。但是对于艺术本质的探讨一直都还是一个进行时的状态，因为在我看来，艺术的发展日新月异，传统的艺术、当代的艺术以及史前的艺术在反映生活、表达情感、显现理念方面存在诸多的差异。不同的艺术门类之间也难以找到一以贯之的相通性，对艺术本质的探讨，在我看来，像美的本质一样是一个难以明言的问题。但是，我们可以换一个方式去谈本质。从根本上讲，艺术的本质和人类认识世界的方式有关，不同的人有不同的世界观，所以有不同的艺术观。

理解世界的方式

通常我们谈人类理解世界的方式有两种：感性的和理性的。这是一种非常粗浅的划分方式。也还有人说是唯物主义的和唯心主义的，当然还有一种提法是主观的和客观的。我们可以通过举例子的方式把这些观点分别描述清楚。

比如我们可以谈一个创作的例子。某人要画一幅画，要画风景。那你说他该怎么办？他可能找一处有山有水的地方，带上画板、颜料，甚至食物和水，在那里对景写生，感觉山的大小，感觉远山近山的层次感。体会水流的方向，仔细观察溪水的颜色，林间的枝叶稀疏还是茂密。画家作画的时刻，阳光正从哪一个方向照过来，风正从哪一个方向吹过来，然后用一种很谨慎的方式作画。完成之后，身边的观众会发出一声由衷的赞叹："真像啊！"然后这个画家会从这个风景点转移到另一个风景点，再同样地作画。因此我们可以从画中看到桂林风景、看到富春江风景、看到三峡两岸的风景，或者其他地方的风景。我们可以区分出来这幅画画的哪里，那幅画画的哪里。这是一个假想的例子。现实的例子我们可以参照莫奈的《干草垛》。

莫奈是法国画家，也是印象派代表人物和创始人之一。印象派的理论和实践大部分都是由于他的推广。莫奈擅长光与影的实验与表现技法。他的著名作品还有《日出·印象》，印象派也因为这幅作品而得名。

《干草垛》不只一幅，莫奈以干草垛为题材创作了若干作品，可以算作"组画"。《干草垛》"组画"，是莫奈在同一位置上，面对同一物象，在不同时间、不同的光照下，所作的多幅画作。不同的状况下，物体呈现出不同的色彩，所以莫奈要进行多次描绘。为什么莫奈要围绕草垛反复创作呢？因为印象派最关心的是如何尽可能忠实地表现物体上光的作用，研究物体在不同季节，以及每日不同时间当中的色相变化。在捕捉瞬间的光的效果方面，莫奈无疑取得了惊人的成功。在莫奈激情跌宕的画笔下，大自然的光影每时每刻都在呼吸和闪动，一小片平平淡淡的风景竟焕发出变幻莫测的瑰丽风采。

我们再举一个假想的例子。其实这就是中国古人常用的作画方式。唐代画家张璪说："外师造化，中得心源。"（《历代名画记》）明代画家王履说："吾师心，心师目，目师华山。"（《华山图序》）这里的"造化"在中国文化中主要指"天地自然"，这和西方人

莫奈《干草垛》

对自然的理解有着文化差异。西方人理解的“自然”，除了“nature”的“本质”之意外，自然的意思主要在于不是人工的本性，所以自然既包括动物、植物，还包括人。所以西方艺术中有源远流长的人体塑造传统，有人体雕塑，有人体绘画。戏剧也是对人的行为的摹仿。因此中国的“外师造化”就独具中国文化的意味。中国古代画家进行创作的时候，不是和西人一样对景写生，也就是不是单纯的“摹仿”，而是“观察”。实现从“眼中之竹”到“胸中之竹”再到“手中之竹”的转换。石涛说“搜尽奇峰打草稿”（《苦瓜和尚画语录》），这草稿是打在心中的。为了掌握山水的精神，画家必须读万卷书，行万里路，必须游历山水。为了表现山水的精神，我们不能对景写生，因为自然经过了精神的加工就与原初的样子有所不同。为了实现这种精神的把握，中国画家以散点透视的方式来表现山水。

要说什么是散点透视，先说说透视。透视是绘画和其他造型艺术的专用术语。画家在作画的时候，把客观物象在平面上正确地表现出来，使它们具有立体感和远近空间感，这种方法叫透视法。因为透视现象是近大远小的，所以也称为“远近法”。西洋画一般是采用“焦点透视”，它就像照相一样，观察者固定在一个立足点上，把能摄入镜头的物象如实地照下来，因为受空间的限制，视域以外的东西就不能摄入了。中国画的透视法就不同了，画家不是固定在一个地方观察，也不受固定视域的限制，而是根据需要，移动着立足点进行观察，凡各个不同立足点上所看到的东西，都可组织进自己的画面上来。这种透视方法，叫做“散点透视”，也叫“移动视点”。中国山水画能够表现“咫尺千里”的辽阔境界，正是运用这种独特的透视法的结果。故而，只有采用中国绘画的散点透视原理，艺术家才可以创作出数十米、百米以上的长卷，而如果采用西画中的焦点透视法就无法达到。

有了这样的透视法，中国画中就呈现出王维《山水论》中描述的情景：“凡画山水，意在笔先。丈山尺树，寸马分人。远人无目，远树无枝。远山无石，隐隐如眉；远水无波，高与云齐。”虽然是画山水，也会名之于某某地的山水图，但是很难区分此处与彼处的核心差异。所有的山水都以表现精神见长，而不以实地写生为重。所以只要画到山、树、人、水都有固定的套路，近处大，远处小，也因此体现出一种纵深感。

我们不妨再多说一些，王维还告诉我们中国画中四季景致的不同，一天中早晚风景的差异：“早景则千山欲晓，雾霭微微，朦胧残月，气色昏迷。晚景则山衔红日，帆卷江渚，路行人急，半掩柴扉。”

“春景则雾锁烟笼，长烟引素，水如蓝染，山色渐清。夏景则古木蔽天，绿水无波，穿云瀑布，近水幽亭。秋景则天如水色，簇簇幽林，雁鸿秋水，芦岛沙汀。冬景则借地为雪，樵者负薪，渔舟倚岸，水浅沙平。凡画山水，须按四时。或曰烟笼雾锁，或曰楚岫云归，或曰秋天晓霁，或曰古冢断碑，或曰洞庭春色，或曰路荒人迷。如此之类，谓之画题。”

说了这么多，是要说中国画不是忠实于自然的原貌，而是忠实于自然应该有的样子。自然应该是什么样的呢？这在中国文化的历史积淀中逐渐形成了许多经典的意象，也形成了独特的颜色系统。中国画采用平面色彩，没有光线的效应，采用固有色，所谓的“随类赋彩”就是这个意思。它从整幅画来整体考虑各处的布局和用色，因此人们会看到春天水如蓝染，夏天绿水无波。不去关注此时此刻此地的水到底什么颜色，而是按照传统的约定去涂抹，而这种古来的约定当然可以更进一步和中国宇宙、气、阴阳、五行的哲学思想产生遥远的关联，但那是另一个相当复杂的话题。而中国画中的水墨传统更好地阐释了古老的宇宙体系。《老子》说：“大音希声，大象无形。”在色彩上当然是无色胜有色。水墨在宣纸、毛笔和画师的相互作用下，出现了非常细微又非常丰富的结果，于是我们看到一种绘画的奇迹出

范宽《雪景寒林图》

」商琦《春山图》（局部）

现。中国画在散点透视的远近游目中表现出了明暗和色彩，构成了视觉的特殊美感。

我们回到开始的话题：人类理解世界的方式可以用主观的、客观的，感性的、理性的和唯物的、唯心的这些标签来概括。那对于以上所举的例子我们可以进行这样的描述：西方绘画作品的创作可以加上客观的、唯物的、感性的这些标签，而中国绘画作品我们可以加上主观的、唯心的、理性的这些标签。当然，我们今天可以看到这些标签只是一些模糊的描述，是建立在一种对中西方古典作品的理解上的。西人的作品随着时代的演进，也有抽象的、变形的、拼贴的，中国今人的作品也有写实的、透视的，而这些又要贴上新的标签。所以我们的主要任务不是要找出中西绘画的差异，而是从绘画创作的角度思考艺术的本质，思考艺术之为艺术的由来。

本质的问题是很令人纠结的。艺术的本质能不能最终有一个结果，我们不应过于乐观，但是在对艺术的本质的求解和思考过程中，我们会获得知识。虽然我们可能会发现一个又一个不完美的结论，但是探讨的过程会让我们对艺术有一种历经沧桑的领悟。

谈论艺术的本质或本源是中西方的哲人孜孜以求的话题，海德格尔认为“世界是艺术的本源”，详细的阐述就是：现实世界作为先于主体、先于意识而存在的客体触动或引发了艺术家的艺术创造活动，使得艺术家在艺术活动中摹仿、反映或表现他所认识和理解了的、内化了的客观世界，最后在艺术作品中凝定成一个根源于世界、又超越于世界的艺术世界。并且这个艺术作品还要经过观众或读者的欣赏而在他的期待视野中完成。艺术家要表现的世界并不单指物质性的世界存在，还要表现思想或感情，以及超越于感情之上的哲理思考。因此我们可以简单地说，艺术家或者客观地表现世界，或者主观地表现世界，或者客观地表现主观的世界。按照习惯的说法，可以概括为有唯物主义的和唯心主义的两种艺术本质观，其中在唯心主义内部还可以区分出主观唯心主义和客观唯心主义两种艺术本质观。坚信这个世界的本原是不变的理念或道，这在哲学上是客观唯心主义，所以在艺术上呈现为客观唯心主义的艺术本质观。

中西方的思想家们都对艺术的本质或本源有自己的见解，万变不离其宗，他们都是从唯心、唯物两个层面去理解人与世界的关系，也就是从这两个方面去理解艺术与世界的关系，形成自己的艺术本质观。

客观唯心主义

我们先从柏拉图说起。

柏拉图是古希腊的哲学家，也是西方最伟大的哲学家之一，他和自己的老师苏格拉底、自己的学生亚里士多德并称为古希腊三大哲学家。柏拉图身体强壮，胸宽肩宽，希腊语中“柏拉图”的意思就是“宽阔”。

柏拉图有一个著名的概念叫做“理念”。柏拉图认为，世界可以分成两个部分，一个是理念世界，一个是现实世界。理念世界是真实的存在，永恒不变，而人类感官所接触的这个现实世界，只不过是理念世界的微弱的影子。这有点像我们中国文化中的“道”，“道”是一种看不见的真实存在。我们生活得顺畅是因为我们合于天道，天道具体告诉我们什么，

柏拉图（约公元前427年—公元前347年）

我们并不知道，我们似乎是无心合道。并且关于“道”的想象也非常虚幻和神圣，所以“道之为物，惟恍惟惚”；“道可道，非常道”。而柏拉图认为我们生活的现实世界是虚幻的，是稍纵即逝的，而理念世界是永恒的，是不生不灭、不折不扣的永恒存在。并且柏拉图认为现实世界是摹仿了理念世界的样子，是理念世界微弱的影子。柏拉图指出，当我们说到“马”时，我们没有指任何一匹马，而是指任何一种马。“马”的含义本身独立于各种有形的大马、小马、黑马、红马、肥马、瘦马，“马”的含义不存在于空间和时间中，因此是永恒的。但是某一匹特定的、有形的、存在于感官世界的马，却是“流动”的，会死亡，会消失。因此，“马”的理念永恒，理念世界的“马”永恒。

柏拉图还讲过一个有关“洞穴”的故事来解释理念问题。有一群人世世代代居住在一个洞穴中，他们犹如囚徒，连脖子也被捆绑着，身体无法挪动。他们背对洞口，面前是一堵白墙，他们身后燃烧着一堆火，在那面白墙上他们看到了自己以及身后事物的影子，久而久之，他们以为影子就是真实的东西。最后一个人挣脱了枷锁，走出了洞口，他第一次看到了真实的世界。于是他向同伴解释墙上的影子只是虚幻的事物，而他无法说服他的同伴，他的同伴们坚持认为除了墙上的影子，世界上没有其他的东西。而那个走出过洞穴的人却被认为是愚蠢的。柏拉图利用这个故事告诉我们，“理念世界”其实就是洞穴外面的世界，而我们只是生活在洞穴中的囚徒，我们看到的只是幻象，只是影子，不懂哲学的人不去追问真实的存在，只有哲学家追求永恒的理念世界。

柏拉图的爱情观也受到理念论的影响，但是却非常唯美。柏拉图认为人生前和死后都是在最真实的理念世界里存在，在那里每个人都是男女合体的完整的人，到了这个现实的世界中就分裂为男人和女人两类，所以人们总是若有所失，企图找回自己的“另一半”。这种说法比较合理地解释了恋情的缘由。所以完美的爱情故事之所以完美就在于他们的结合本身就是理念的感性显现，因此这种爱情带有不可抗拒的永恒意味。所以，在每个人的人生旅途中，我们都应该在短暂的生命里寻找永恒，在如白驹过隙般的时间流逝中追求一种普世的价值，让理念世界的光芒多一点照耀人类晦暗的夜空。

柏拉图认为艺术是“理念”的体现。艺术世界是对现实世界的摹仿，而现实世界又是对理念世界的摹仿。因此艺术世界非常不真实。柏拉图因此留给后人一个印象，他认为艺术家没有专门知识，艺术作品不会带给人们智慧。其实柏拉图并不是不重视艺术，只是他希望人们更加重视表象背后的本质，现象背后的永恒。

柏拉图的学说可以被称为客观精神说或客观唯心主义，那么同是在唯心主义的艺术本质观中，还有一种主观唯心主义，也可称作主观精神说，这里我们可以以西方的尼采为代表，在中国可以以“性灵说”和“童心说”为代表。

主观唯心主义

尼采是德国著名哲学家，西方现代哲学的开创者，同时也是卓越的诗人和散文家。他最早开始批判西方现代社会，然而他的学说在他的时代却没有引起人们的重视，直到20 世纪，尼采才激起了来自世界各地褒贬各异的讨论。尼采之后的生命哲学、存在主义、弗洛伊德主义、后现代主义，都以各自的形式回应尼采的哲学思想。这个在中国广为人知而又知之不多的人物，有着他独特的生活经历和思想特点。他是大学教授，然而他否定其他兢兢业业从事教育的教授们的工作；他是哲学家，但他异常起劲地反对出现在他以前的诸多哲学家及其思想。他高喊出一个惊世骇俗的口号：重新估定一切价值！不仅在东方，就是在西方哲学史

尼采（公元1844年—1900年）

上，尼采也一直是一个有争论的人物。尼采哲学是资本主义社会发展到一定阶段的产物，他以独特的方式预示了现代西方社会中深刻的精神危机。

“上帝死了”，“我的时代还没有到来，有的人死后方生”——这些都是尼采的个人宣言，独到并且深刻。他由于宣告上帝之死而摧毁了传统的精神哲学。尼采在世时因为其思想的卓尔不群而不被理解，所以一直处于孤独的境况。因此，尼采说过：我走在命运为我规定的路上/虽然我并不愿意走在这条路上/但是我除了满腔悲愤地走在这条路上/别无选择。

德国哲学家尼采用阿波罗代表存在于人格和社会中的秩序、逻辑、明晰、适中和控制原则，而用狄奥尼索斯代表人格在对社会的反叛中所存在的自发性、强烈的情感、直觉和无节制。尼采选择了这两个对立的术语是因为阿波罗在希腊神话中是太阳神（代表光明和真理），而狄奥尼索斯是酒神（代表自然，代表对理性分析之超越）。尼采用日神和酒神的象征来说明艺术的起源以及艺术的本质和功用，把梦幻和癫狂看作审美的两种基本状态。

细细看来，日神精神和酒神精神其实支配了我们日常的两种生活状态。

我们人格中的日神精神会让我们一天过得井井有条，为我们安排日程，收拾打扫房间；

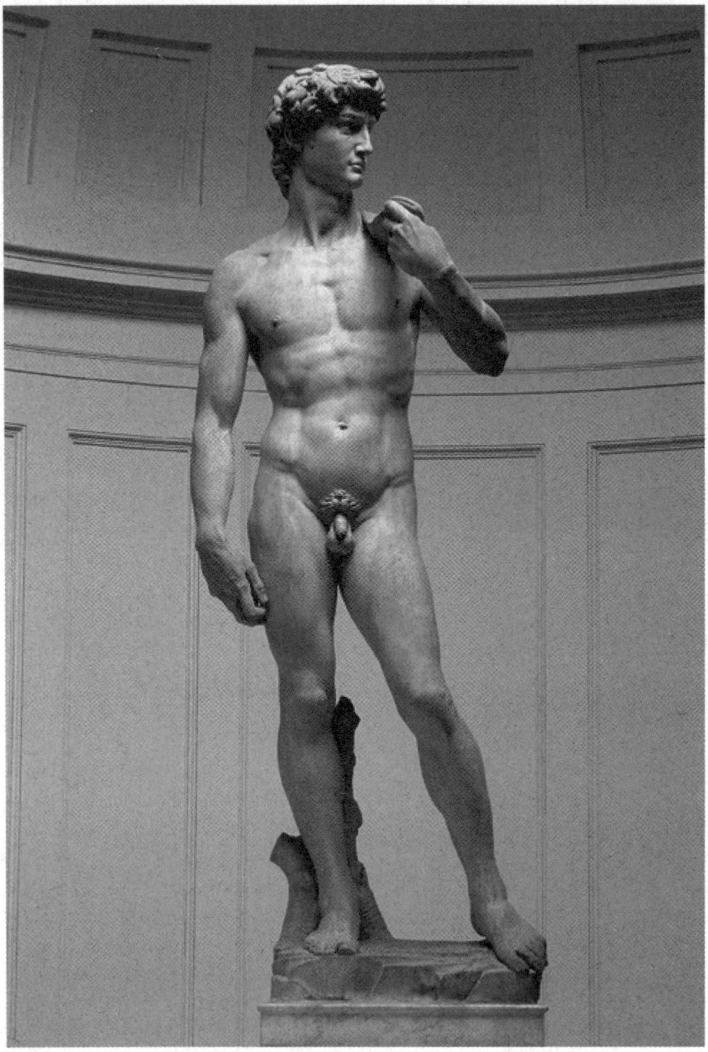

米开朗基罗《大卫》

他鼓励我们坚持原则，并且在解题之后或学习外语之后获得快乐。日神让我们行动，不要拖延，要马上做我们应该做的事。而酒神精神总是让我们愿意为拖延寻找借口。

我们人格中的酒神精神鼓励我们要凭直觉做事，要迅速下结论（结果证明这些结论通常是正确的），要抵制权威机构的控制，要放纵自己（有时过度放纵）。酒神怂恿我们纵情跳舞，忘掉一切烦恼。酒神喜欢享受白日梦，喜欢躺着晒太阳，喜欢谈第六感。他会连续给朋友打几个小时的电话，而总是谈一些鸡毛蒜皮的琐事。而日神却喜欢在孤独和安静的时刻里进行思考和反省。

散步的时候，怀着日神冲动的人会辨认植物，比较形状，小心和谨慎地看林中的风景，

看到砍去的大树，会对环境保护工作深深忧虑。

酒神散步的时候，会感觉那里凉爽的空气，闻闻林间的芳香。酒神会在一片未曾被毁坏的森林中陶醉，不再去想一年以后这片森林也许会消失。

很多严肃的诗人在今日都希望，自己的作品无论看起来还是听起来都是一部酒神之作，即使他的作品表现的是一个日神命题。他们的这种希望也许是因为他们想要引起读者的惊愕，这样读者会更加关心他的作品，而如果他的作品过于传统，读者就不会过于关注。我们一方面谨慎地做人，一方面也希望偶尔逸出生活的轨迹，思想开开小差，偶尔放纵一下自己。人们总是会对那些不走寻常路的人关注更多。

上面看到的是两幅著名的雕塑作品，它们同时表现一个叫大卫的年轻人。人们也许可以轻易地把其中的一件叫做日神作品，把另一件叫做酒神作品。正是它们的内容才使得它们显出不同。而同时这两座雕像也是形式之杰作。就这个人物所承载的精神内涵而言，体现的是日神特征。在这两件作品中，多纳太罗创作《大卫》的时间在前。多纳太罗是意大利文艺复兴时期第一批伟大的雕塑家之一，那时候艺术家开始要求自我表达，希望摆脱教会检查人员苛刻的目光，甚至还可以选择世俗的非宗教的题材。多纳太罗的大卫比米开朗基罗的大卫显得更加无忧无虑，更调皮，没有后者那么高贵。这种形态的显示可能源于那顶帽子，那个瘦弱的身体，放在髋部的那双弯曲的手，以及少女般羞涩的或自然低垂的眼帘。右手携带着武器，但却丝毫没有杀机，好像只是配合pose的装饰品，手心向内握着剑，并不打算指向任何人。但因此使身体增加了一个支点，而有助于身体曲线和舒适姿态的形成。这一切都使得这个大卫宛如田园牧歌中的少年。有恐惧、有勇敢，但这一切都消融在一个略带慵懒的姿态中。多纳太罗并不是要让宗教祖先感到愤慨，他首先选择的是一个日神主题，但是却采用了酒神的自由精神来诠释它。《圣经》中的大卫是一个领导者，但是这里并没有表现他的顽强。

对比而言，米开朗基罗的大卫的眼睛没有往下看，他的眼睛朝向他左边的什么人望过去，而那个人我们可以想象就是“歌利亚”。大卫手里拿着一块石头，传说中他正是用这块石头恐吓了那个入侵者。大卫的表情专注、果断，因为在从事一项正义的事业，而显出坚定和沉着。他作为民族的英雄是一个有道德感的理想形象，符合日神精神的从容宁静。

我们介绍一下大卫的故事：大卫是《圣经》中的少年英雄，曾经杀死了侵略犹太人的腓力士巨人歌利亚，保卫了祖国的城市和人民。米开朗基罗没有沿用前人表现大卫战胜敌人后将敌人头颅踩在脚下的场景，而是选择了大卫迎接战斗时的状态。在这件作品中，大卫是一个肌肉发达、体格匀称的青年壮士形象。他充满自信地站立着，英姿飒爽，左手拿着石块，右手往下垂，头向左侧转动着，面容英俊，炯炯有神的双眼凝视着远方，仿佛正在向地平线的远处搜索着敌人，随时准备投入一场新的战斗。大卫体格雄伟健美，神态勇敢坚强，身体、脸部和肌肉紧张而饱满，体现着外在的和内在的全部理想化的男性美。这位少年英雄怒目直视着前方，表情中充满了全神贯注的紧张情绪和坚强的意志，身体中积蓄的伟大力量似乎随时可以爆发出来。与前人表现战斗结束后情景的习惯不同，米开朗基罗在这里塑造的是人物产生激情之前的瞬间，使作品在艺术上显得更加具有感染力。他的姿态似乎有些像是在休息，但躯体姿态表现出某种紧张的情绪，使人有强烈的“静中有动”的感觉。雕像是用整块的石料雕刻而成的，为使雕像在基座上显得更加雄伟壮观，艺术家有意放大了人物的头部和两个胳膊，使得大卫在观众的视角中显得愈加挺拔有力，充满了巨人感。

《圣经》中说，在大卫还是个牧羊少年的时候，以色列人经常和腓力士人交战。一天，两军刚刚摆开阵势，忽然，腓力士营中冲出一员大将。他头戴铜盔，身披铠甲，虎背熊腰，身高七尺……这人就是歌利亚。见此情景，以色列营中没有一个人敢出来迎战。一连40天，歌利亚骂阵不止。

大卫有三个哥哥在以色列王扫罗的军中当兵，一天，大卫给他的三位哥哥送饭，恰逢歌利亚骂阵，大卫听到这狂言笑骂气得浑身发抖。见到兄长和以色列王扫罗，他坚决要求出去迎战，虽然他们都在为大卫担心，但看到他那坚定而自信的样子觉得非常难能可贵，于是，他们同意了。大卫没有戴头盔、披护甲，没有带兵器刀枪，他仍然穿着平日的牧羊服，拿着牧羊时的打狼棍和弹石器，又顺便捡了5个石子来到了阵前。歌利亚看到只是一个牧羊的孩子，根本没有把他放在眼里。就在歌利亚拿着钢刀恶狠狠地直冲过来，将要接近大卫的一瞬间，大卫使劲一拉早已准备好的弹石器，石子正中歌利亚的脑门儿。这位迦特巨人一头栽倒在地上，再也爬不起来了。腓力士人被这意想不到的结果惊呆了，顿时，营中大乱，以色列人乘胜追杀，腓力士人落荒而逃。

米开朗基罗的《大卫》表现的正是歌利亚拿着钢刀向大卫冲来，大卫并不躲闪的紧张瞬间，他紧锁眉头两眼怒视前方——但是，《圣经》中所描述的大卫并不是裸体，也不是这样的成年人，显然，作者并不是为了表现《圣经》的情节，宣扬《圣经》教义，而是借《圣经》中的这一情节表现他心目中的英雄。在他创作《大卫》的年代，正是教皇腐败，外族入侵，佛罗伦萨面临崩溃的年代。米开朗基罗迫切希望能够有一位像大卫一样的英雄站出来，拯救自己的祖国。作者清醒地知道，拯救自己的祖国不能靠神，也不能依赖上帝，拯救自己还要依靠自己本身。因此，他突破了《圣经》情节的局限，用全裸和近乎成人的形象以及那包孕着巨大潜力的发达的肌肉，表现了他所特有的民族自信和文艺复兴时期的具有叛逆性的人文主义精神。

比较这两部作品，你会感觉到人内心酒神冲动和日神冲动的巨大差异。面对生活，艺术家有自己的理解，相同的事件，甚至会引起不同的反应。而这就是艺术创作的本来面目，也因此形成了艺术丰富多彩的形态。人性是复杂的，需要也是多元化的。从人性出发，尼采提出了他主观唯心主义的艺术本质观。

中国古代的艺术家也有重视心灵和欲念的传统。明代的公安三袁（袁宏道、袁宗道、袁中道）提出了“性灵说”，这里的性灵说表现为享乐上的率性而行。

袁宏道说人生的快活有五：

目极世间之色，耳极世间之声，身极世间之鲜，口极世间之谭，一快活也。堂前列鼎，堂后度曲，宾客满席，男女交舄（xi），烛气熏天，珠翠委地，皓魄入帷，花影流衣，二快活也。箧中藏万卷书，书皆珍异，宅畔置一馆，馆中约真正同心友十余人，人中立一见识极高，如司马迁、罗贯中、关汉卿者为主，分曹部署，各成一书，远文唐宋酸儒之陋，近完一代未竟之篇，三快活也。千金买一舟，舟中置鼓吹一部，妓妾数人，游闲数人，泛家浮宅，不知老之将至，此四快活也。然人生受用至此，不及十年，家资田地荡尽矣。然后一身狼狈，朝不谋夕，托钵歌妓之院，分餐孤老之盘，往来乡亲，恬不知耻，五快活也。士有此一者，生可无愧，死可不朽矣。（《龚惟长先生》）

这五快活，首先是感觉的极度享受，其次是极度的奢华，再次是最高的精神创造，第四是享受艳游，最后是体验贫穷流浪。每一种都达到极端，也许这些为正人君子所不齿，出人意料，但也是一般俗人所不敢想的。这就是公安三袁的“性灵”，是做人的快乐宣言，为人如此，对待艺术也是如此：

弟小修诗……大都独抒性灵，不拘格套，非从自已胸臆流出，不肯下笔。有时情与境会，顷刻千言，如水东注，令人夺魄。其间有佳处，亦有疵处。佳处自不必言，即疵处亦多本色独造语。然余则极喜其疵处，而所谓佳者，尚不能不以粉饰蹈袭为恨，以为未能脱尽近代文人气习故也。（《袁中朗全集》卷三《序小修诗》）

可见公安三袁对待艺术不拘格套，强调写作灵感，执著于率性而行，特别是对于偶然为之的不完美的欣赏，非常有个性。所以只要是直抒胸臆，哪怕鄙俗，哪怕直露，也都有独特的价值。

另一位明代艺术家李贽的艺术表达状态也带有“狂人”的味道：

且夫世之真能文者，比其初皆非有意于为文也。其胸中有如许无状可怪之事，其喉间有如许欲吐而不敢吐之物，其口头又时时有许多欲语而莫可所以告语之处，蓄极积久，势不能遏。一旦见景生情，触目兴叹，夺他人之酒杯，浇自己之垒块，诉心中之不平，感数奇于千载。既已喷玉唾珠，昭回云汉，为章于天矣。遂也自负，发狂大叫，流涕恸哭，不能自止。宁使见闻者切齿咬牙，欲杀欲割，而终不忍藏于名山，投之水火。（《焚书》卷三《杂说》）

这种因为宣泄而获得的巨大快乐是艺术带给人的切身体验。李贽的艺术观表现为理性上的任性而行。这与公安三袁的感性的任性而行互相呼应，并且与徐渭、汤显祖等共同汇聚成中国艺术史上非常珍贵的一种自由解放思潮。

唯物主义

如果说以上两种关于艺术本质的说法都是唯心主义的，那么还有一种可以看作是唯物主义的，那就是以亚里士多德为代表的摹仿说或者叫再现说。

亚里士多德首先是个伟大的哲学家，他虽然是柏拉图的学生，但却抛弃了他的老师所持的唯心主义观点。柏拉图认为理念是实物的原型，它不依赖于实物而独立存在。亚里士多德则认为现实的世界是由各种形式与质料和谐一致的事物所组成的。亚里士多德认为知识起源于感觉。这些思想已经包含了一些唯物主义的因素。

从18岁到38岁，在雅典跟柏拉图学习哲学的20年，对亚里士多德来说是个很重要的阶段，这一时期的学习和生活对他一生产生了决定性的影响。苏格拉底是柏拉图的老师，亚里士多德又受教于柏拉图，这三代师徒都是哲学史上赫赫有名的人物。在雅典的柏拉图学园中，亚里士多德表现出色，柏拉图称他是“学园之灵”。但亚里士多德可不是个只崇拜权威、在学术上唯唯诺诺而没有自己想法的人。他同大谈玄理的老师不同，他努力收集各种图书资料，勤奋钻研，甚至为自己建立了一个图书室。有记载说，柏拉图曾讽刺他是一个书呆子。在学园期间，亚里士多德就在思想上跟老师有了分歧。他曾经隐喻地说过，智慧不会随

亚里士多德（公元前384年—公元前322年）

柏拉图一起死亡。当柏拉图到了晚年，他们师生间的分歧更大了，经常发生争吵。

亚里士多德在西方文化史上首次构建了系统的美学理论，即他的“诗学”。他从哲学高度对魅力永恒的希腊艺术精神进行了提炼，铸成了西方美学的开山杰作《诗学》。

在《诗学》中，亚里士多德开宗明义指出，在研究诗的种类、功能、成分、结构之前，首先要阐明关于诗的本性的首要原理，即艺术的本性是摹仿。他认为：史诗、悲剧、喜剧、酒神颂以及其他各种艺术，“都是摹仿”；其次，摹仿是人的本性，艺术在实现人的本性中不断得到进化和完善。求知是快乐的事情，人在摹仿中感到生命的愉悦。亚里士多德说过：绘画中色彩处理的技巧带给人快感，音调感和节奏感也是人惬意表达情感的天性。第三，摹仿应该表现必然性、或然性和类型。亚里士多德认为：诗人或画家的职能不是记录已经发生的事，而是描述出于必然性、或然性而可能发生的事，表现某种类型的人和事。艺术家的作品不必复现生活，但要符合生活的逻辑。诗人是要说谎的，但是，他能够把谎说圆。怎么才能把谎说圆？就是要使谎言显得比真实可信，比现实世界中发生的事更真实可信。

亚里士多德的悲剧理论阐述得非常精彩。他给悲剧下了一个定义：悲剧是对一种严肃、完整、有一定长度的行动的摹仿；悲剧中的各部分要分别使用各种令人愉悦的优美语言；它不以叙述方式，而以人物的动作表现摹仿对象；它通过悲哀的事件引起观众的怜悯与恐惧，来达到情感“净化”的目的。亚里士多德的净化说对于我们理解艺术的功用非常有意义。净化在于通过音乐或其他艺术使某种过分强烈的感情因宣泄而达到平静，因此恢复保持心理的健康。也有人认为这是借悲剧引起怜悯和恐惧之情，使观众太强或太弱的情感得到锻炼，以达到适度。

亚里士多德不仅仅认为艺术是创造性活动的产物，而且还认为艺术能表现自然的真实和本质，所以艺术的内容是可能的和应该有的。在亚里士多德看来，艺术之所以要想象，要虚构，要表达理想，就是因为它是艺术。艺术要摹仿自然，但并不等于自然；艺术是一种创造，但又不能脱离自然。

本质的迷误

除去以上三种看法，对于艺术本质的理解还有很多。有偏于主观的情感说，也有偏于客观的形式说。但是不管怎样，这些被称作本质的东西都是在讲艺术家对于世界的认识在艺术上的反映。所以，我们理解艺术的本质和理解艺术的起源，就会有些似曾相识的感觉。也就是说，在我们讨论艺术的本质过程中，存在用艺术的起源，或者用艺术的特征来偷换概念的可能。所以我们有必要检查我们对本质的理解。

“本质”这个字眼根本的意思应该是说某类事物区别于其他事物的基本特质。有时我们也可以通过给一个定义来解释本质。所以，当我们说艺术的本质时，我们应该是说明了艺术的独特之处。但是，以上对于艺术本质的解说，实际上是在说艺术的来源，这里用“来源”是为了区别于艺术的起源。“来源”可以认为是共时的。而“起源”应该是“历时”的。“本质”这个字眼带有哲学的内涵，所以，我们的艺术理论在进行本质探讨时通常存在着以“起源”代替“本质”的倾向。这个问题在讨论“美的本质”时存在，在这里也依然存在，这与我们的学术探讨一直以来对人的基本世界观的重视分不开，也与源自于苏联的学术传统分不开。我们可以考察中西美学史上对于美的本质的探讨，就会发现，一直以来，我们接受的话语体系也常常是在美是主观的还是客观的之间徘徊，实际上这是一种对本质的误解。严格意义上讲，以上的讨论是在讲艺术的来源，或者艺术家的艺术观是什么。

同时，艺术的本质和艺术的特征也还是有重合的地方。既然本质是带有根本区别性的特征，那么，审美性、情感性、形象性这些艺术的特征都可以算作艺术的本质。只是特征还可以进一步罗列，但是本质应该永恒不变。可是，如今艺术的发展使得艺术的本质也在不断面对挑战，所以我们似乎很难面对艺术永恒不变的本质。用本质主义的思路来解决哲学问题被哲学研究边缘化之后，我们在艺术中谈论本质也同样应该谨慎。所以，面对艺术世界的乱花渐欲迷人眼，本质似乎像海德格尔所说的，是一个存在但不能言说的东西。我们可以说什么呢？我们可以说艺术的来源，可以追溯艺术的起源，可以描写艺术的特征。所以，以上我们便选取几家观点来谈论艺术的来源以区别于传统的本质主义的描述。这种追问艺术的思路确实能引导人们对艺术进行初步的哲学探讨，正好可以作为开宗明义的话题。

艺术生产

目前，有一种叫做“艺术生产”的理论，也常常出现在解释艺术本质的议题之中。马克思的“艺术生产”理论作为对艺术本质进行解说的理论之一，把艺术领域的活动和生产领域的活动进行了类比，这和美学上曾经的“美是人的本质力量的对象化”的定义可以做一番对照。他们共同强调了人类的实践活动既是美的本质也是艺术的本质。笔者认为，人类的实践活动确实是人类成长发展的背景，但是，如果人类的所有活动都可算作是人类的实践活动，那么艺术的特殊性何在？同时人类最初的审美活动并不具有我们今天的艺术的内涵。也就是说我们今天看作艺术品的东西，它们最初出现的时候并不是人们为了审美而创造的。因此艺术生产理论不能解释艺术的起源。同样，当我们发现审美创造和一般劳动在历时层面和共时层面都差异甚大时，我们认为的艺术生产就只能是一种诗意化的比喻。艺术创造和劳动生产之间的共性固然存在，但是差异无疑更加巨大，我们着力的应该是研究艺术的独特性，而不应因为艺术生产理论的存在而忽视了对艺术独特性的探求。艺术与经济基础的关系可能会在“艺术生产”理论中得到解说，但是这只能算作是艺术经济学等交叉学科的内容。我们关注艺术研究，还是要回到艺术学自身的问题。

同时令人忧虑的是，“艺术生产”理论把艺术等同于生产，就使得生产——产品——消费的系统可以变成艺术家——艺术品——欣赏者的系统。系统性的研究固然好，但是，生产是为了满足消费，产品的优劣在于是否取得很好的经济效益，而这样的一种评价机制移植到艺术界就会引起一些可怕的后果。艺术的市场化已经不是一个陌生的话题。如果艺术家在创作时也是以满足欣赏者的需要为最高标准，或者说艺术家的成就需由经济效益来衡量的话，艺术的艺术价值就成了一个边缘化的问题。我们可以看到在电影市场上，媒体最关注的是明星、导演和票房，或者只有票房。一个电影会因为有最高的票房收入，而被认为是成功的。没有人去问这个作品表现了什么永恒的话题，是否揭示了深刻的人性，艺术形式上有什么拓展和创新。艺术在市场经济的时代也不能永远活在象牙塔里，但是，艺术和市场之间有着不同的“生命”逻辑。凡·高的作品在那个时代市场价值很不好，但是他的作品的艺术性、精神性都是那个时代众多艺术作品难以企及的。用“艺术生产”的理论来解释艺术的本质，或者因此让我们用生产的逻辑去要求艺术，这对艺术是一种伤害。艺术的发展创新有自己的评价机制，艺术家应该是一些有着独特人格和创新精神的人，社会应该给他们提供一个比较自由的心灵空间。不要在市场化的氛围中为了生存和利益而迷失自己，也迷失自己的艺术。

请你思考

1. 当你对日神精神和酒神精神有所了解之后，你是否可以找出一些体现这两种艺术精神的作品，感觉一下它们的差异。

2. 你了解柏拉图的“理念”吗？你向往“理念世界”吗？不管你是否了解这样的世界，请你思考这一理论对西方艺术学的研究进程有什么意义。

延伸阅读

黑格尔《美学》

与柏拉图一样，德国古典美学的集大成者黑格尔对艺术本质的认识也同样建立在客观唯心主义哲学体系上。黑格尔美学思想的核心是：“美就是理念的感性显现”，同样把艺术的本质归结于“理念”。但是，黑格尔关于艺术和美的看法又包含了深刻的辩证法思想，他认为“理念”是内容，“感性显现”是表现形式，二者是统一的。学习完本章之后，我们可以简单接触一下黑格尔的思想。我推荐大家阅读的是黑格尔《美学》第一卷（朱光潜译，商务印书馆1979年版）。这本书第27页开始讲述：“2. 理念作为研究的出发点”。

“大家都知道，柏拉图是第一个对哲学研究提出更深刻的要求的人，他要求哲学对于对象（事物）应该认识的不是它们的特殊性而是它们的普遍性，它们的类性，它们的自在自为的本体。”①

黑格尔站在前人的肩膀上开始自己的思考，在他看来柏拉图式的理念已经不能满足我们现代心灵的丰富性，我们的艺术哲学虽然开始于美的理念，但是我们要抛弃柏氏理念的抽象性，代之以“经验观点和理念观点的统一”。从理念和经验的双重起点出发，我们会发现黑格尔对美的理解充满了辩证法的思想。

阅读黑格尔的《美学》之前，我们可能经常听到黑格尔关于美的定义：“美是理念的感性显现”。这一定义是如何被表述的呢？他说：

“美就是理念，所以从一方面看，美与真是一回事。这就是说，美本身必

① 黑格尔：《美学》第一卷，朱光潜译，商务印书馆1979年版，第27页。

黑格尔（公元1770年—1831年）

须是真的。但是从另一方面看，说得更严格一点，真与美却是有分别的。说理念是真的，就是说它作为理念，是符合它的自在本质与普遍性的，而且是作为符合自在本质与普遍性的东西来思考的。所以作为思考对象的不是理念的感性的外在的存在，而是这种外在存在里面的普遍性的理念。但是这种理念也要在外界实现自己，得到确定的现前的存在，即自然的或心灵的客观存在。真，就它是真来说，也存在着。当真在它的这种外在存在中是直接呈现于意识，而且它的概念是直接和它的外在现象处于统一体时，理念就不仅是真的，而且是美的了。美因此可以下这样的定义：美就是理念的感性显现。"[①]

黑格尔关于美的定义包含了三个方面：(1)理念；(2)感性显现；(3)两者的统一。从这三个方面去细细体会黑格尔关于美的定义需要大家去认真阅读黑格尔的《美学》。

① 黑格尔：《美学》第一卷，朱光潜译，商务印书馆1979年版，第142页。

第二讲　有意味的形式

——从古老的洞穴壁画开始讲述艺术的童年

20世纪初最有影响的一种艺术理论是英国美学家克莱夫·贝尔提出的关于艺术是“有意味的形式”的理论。贝尔的代表作《艺术》成为现代美学与艺术理论的经典著作。在这本书的第一章，贝尔提出，所有的艺术品必定有某种共同的而又是独特的性质，离开它，艺术品就不能作为艺术品而存在，有了它，任何作品至少不会连一点价值都没有。究竟是什么使巴黎圣母院、日本的浮世绘、墨西哥的雕塑、中国的彩陶引起人们永久的回味？能够解释的大概只有一个原因，就是这些作品中有某些特殊的形式，带来某种特殊的意味。在各种不同的作品中，线条、色彩以某种别致的搭配组成某种形式，产生某种关系，激起我们无法抑制的审美情感，这些审美的形式，我们把它们称为“有意味的形式”。

这些“有意味的形式”是如何承载人类的丰富审美体验，积淀为永恒的美的形式的？这些线条和色彩是如何被原始的“艺术家”所选择，组合成最初的生动、活泼、纯朴天真的造型的？生活在今天的我们渴望了解古人的心灵，就像渴望了解自己儿时的故事。我们也希望通过史前艺术的描述，认识艺术的童年，从而也更深刻地了解人类本身。

讲述艺术的起源，我们通常从神秘的洞穴壁画开始。下面，请走进法国拉斯科洞穴。

以上呈现在我们眼前的是法国拉斯科洞穴壁画中比较有代表性的三幅作品。这一洞穴中绝大多数的岩画作品完成于大约一万七千年以前。与另一著名的史前洞穴壁画遗址——阿尔塔米拉洞穴（西班牙，距今约两万年）的静态呈现相比，拉斯科洞穴壁画充满了动感和气势，线条粗犷，具有初步的构图意味。

在《野牛与鸟人》中，一头野牛正冲向一个“鸟人”，野牛附近一只鸟站立枝头。野牛身体被长矛刺穿，腹部似乎流出了一些内脏。“鸟人”长着鸟头或者戴着鸟冠，似乎受了伤。我们可以认为这是人假扮成鸟去接近猎物，也可以认为是巫师正在为祈求狩猎的丰收而施行巫术，而鸟作为这个群落的图腾画在旁边用以说明事件的发生地。

《中国马》因为形体颇似中国的蒙古种马而得名。仔细观察会发现画中的马腹部肥大，似乎正处于怀孕期，这也许与祈求增殖的观念有关。大面积的马身是明亮的黄色，马鬃被涂成黑色，二者形成明快的对比。同时由于岩石的高低变化，马的形态呈现出强烈的立体效果，栩栩如生。

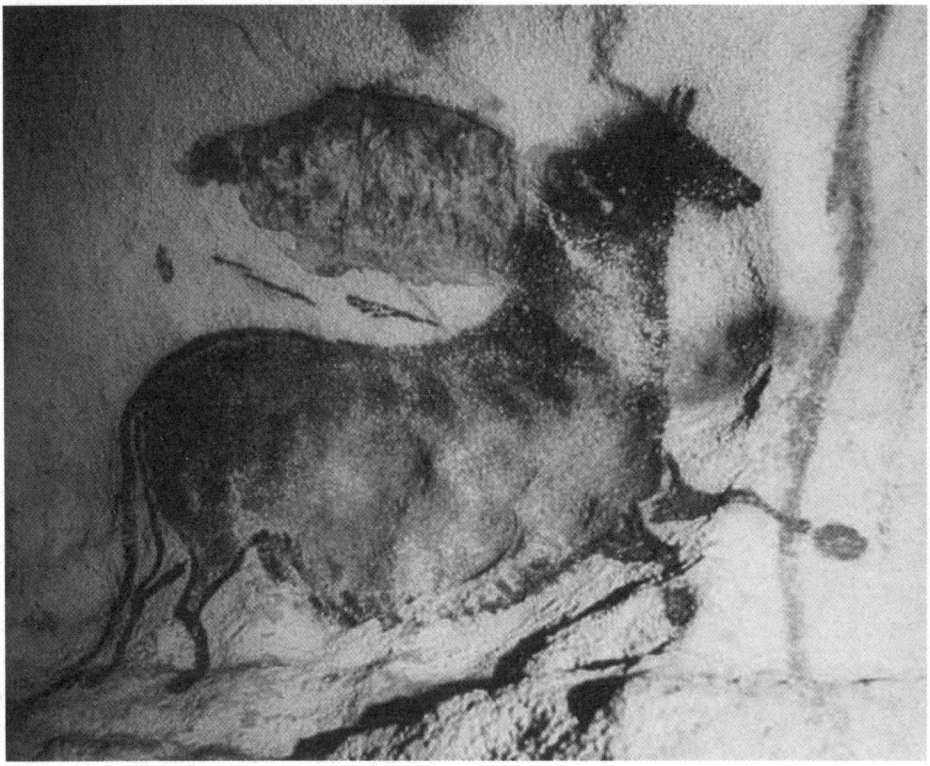

「拉斯科洞穴壁画之二：『中国马』

《游泳的鹿群》，用简笔画的方式勾勒出鹿群的轮廓，鹿角舒展，鹿头朝向前方，鹿的身体微微下伏。简洁的黄色、黑色的点染呈现出一群鹿在水中前进的态势，整齐而且可爱。

我们在这里看这些壁画，猜想这些故事，是尝试着与古人的心灵对接。重构古人创作这些作品时的动机，似乎就是我们对艺术起源的初步探讨。我们如何重构一个遥远过往的心灵历程？如何让这种想象也有真实可信的说服力？我们必须想出一些方法，找到几条探讨艺术起源的途径。比如：（1）依靠考古研究；（2）以儿童艺术心理为切入点；（3）以残存的原始部族为参照系。

「拉斯科洞穴壁画之三：游泳的鹿群

探讨艺术起源的途径

拉斯科洞穴壁画的发现本身就是考古研究的结果。我们需要在时间和空间上寻找和它遥相呼应的对接点，比如我们可以研究地球上其他地方史前人类的文明遗迹："上溯到旧石器时代，从南方的元谋人到北方的蓝田人、北京人、山顶洞人，虽然像欧洲洞穴壁画那样的艺术尚待发现，但从石器工具的进步上可以看出对形体性状的初步感受……这表明对形体的光滑规整、对色彩的鲜明突出、对事物的同一性有了最早的朦胧理解、爱好和运用。"[①]拉斯

① 李泽厚：《美的历程》，天津社会科学院出版社2001年版，第8—9页。

科洞穴壁画反映出绘制者对动物的体态、色彩都有很好的理解。同时我们还了解到这些壁画地点往往在常人难以接近的地方，并且动物造型除去本身的惟妙惟肖，还有被长矛、棍棒打击的痕迹，绘制者似乎希望通过这种偶然、极端的状况来说明某些问题。中国的山顶洞人的装饰品基本都用赤铁矿染成红色，并且还在尸体旁洒上矿物质的红粉，这些"装饰"同样凝冻了他们的某种观念和某种幻想。东西方都存在通过某种可见的方式来实现某种不可见的目的的传统。这不是偶然的巧合，只能说明在人类最初的精神生产中已经蕴含了某种符号的意义，我们今天把这种现象称为"巫术"，并且把这种说法作为对艺术起源的一种比较权威的猜测。

"所以，如同欧洲洞穴壁画作为原始的审美—艺术，本只是巫术礼仪的表现形态，不可能离开它们独立存在一样；山顶洞人的所谓'装饰'和运用红色，也并非为审美而制作。审美或艺术这时并未独立或分化，它们只是潜藏在这种种巫术礼仪等图腾活动之中。"①

比照儿童的艺术心理，来推测艺术的起源。我认为是一种有趣的思想和研究理念。如果人类历史的长度可以和一个人一生的长度加以比附的话，那么儿童心理就正是原始人心理的复现。我们可以追踪儿童的审美萌芽和艺术直感来想象史前人类开始艺术之路的最初状态。玛克斯·德索就曾说："美学理论常常追踪到儿童的游戏中去，借以解释艺术特征。这种回归的目的是要在普遍的人类才能中去找到那种试图进行艺术创作和艺术欣赏的非常使人迷乱的事件的根源，要从基本和普遍的人性特征中获取艺术感。"②

从儿童的早期表现中我们通常感到摹仿的重要，身边的声响、动作常常被儿童有意无意地记录下来。从牙牙学语的"爸爸、妈妈"到小猫小狗的"喵喵、汪汪"，儿童开始了最初的语言习得。为什么孩子最容易学会叫"爸爸"和"妈妈"，一般认为"b"和"m"作为双唇音，发音是最省力的，而相比来说"姥姥"的发音就很不容易。儿童的摹仿得到了听众的喝彩，于是摹仿的愉悦同时产生，于是产生更多的摹仿渴望，儿童在一次次的摹仿的快感

---

① 李泽厚：《美的历程》，天津社会科学院出版社2001年版，第10页。

② 玛克斯·德索：《美学与艺术理论》，兰金仁译，中国社会科学出版社1987年版，第233页。

和成就感的驱动之下，越来越多地接触和了解这个世界，从身边到远方。从声音的摹仿到性状的摹仿，从语言到绘画，于是儿童逐渐成长。绘制洞穴壁画的史前人类也许在看过熟悉的马、牛、鹿等动物之后也有了一种冲动，想把它们记录下来，当自己或他人反观自己的摹仿产品时，会产生一种会心的快乐，而这种快乐又促进了更多的摹仿。

摹仿说

在各种艺术本质理论和艺术起源理论中，摹仿说是最为古老的学说，它最早是由古希腊的哲学家德谟克利特提出来的，他说：“在许多重要的事情上，我们是摹仿禽兽，做禽兽的小学生的，从蜘蛛我们学会了织布与缝补；从燕子学会了造房子；从天鹅和黄莺等歌唱的鸟学会了唱歌。”[①]而亚里士多德认为摹仿是人的天性，这个特点造就了艺术。亚氏还认为人总是能从摹仿的作品中感到快感，即使是那些丑陋可鄙的动物形象，即使事物本身看上去引起痛感，但只要是惟妙惟肖摹仿的图像就总会引起人们的快感。但是，问题产生了，儿童为什么摹仿呢？洞穴壁画的作者为什么摹仿呢？可见摹仿只是手段，最终的目的还有待于探讨。

为什么摹仿？当然可以是为了愉悦自我，为了表现自我。这可以引出来关于艺术起源的另外一些猜想。“为了愉悦自我”可以解读为艺术是源于游戏的冲动，“为了表现自我”可以解读为艺术是源于自我表现的冲动。

① 伍蠡甫主编：《西方文论选》上卷，上海译文出版社1979年版，第4—5页。

游戏说

最早提出艺术起源于游戏的是德国的美学家席勒。在《美育书简》中，席勒指出，人的“感性冲动”和“理性冲动”必须通过“游戏冲动”才能有机地协调起来。人在现实生活中既要受自然力量和物质需要的压迫，又要受理性法则的种种约束，是不自由的。人生在世要满足吃饱、穿暖等生存、生理的需要，还要遵守社会规则对人的各种限制。比如每个人从出生就被家长寄予希望要出人头地，学习要优秀，纪律要遵守，即使我们因为熬夜而不愿意起床也要赶在八点之前进入教室或办公室，我们要参加许多我们不喜欢的活动，甚至违心地说一些原本不愿意说的话。为了某种成功的召唤，我们要受这样或那样理性法则的约束，同时我们还要承受作为生物人的各种身体困扰。既然人生是一段从开始就要走向死亡的过程，那么人生在世似乎成为了一个苦役。如何在不能延长生命长度的情况下，拓展生命的宽度，就需要让人感到生命的愉悦。因此有理由认为游戏，或者接近游戏的艺术活动可以弥合感性压力和理性压力的双重压迫。席勒认为当野蛮人实现了对外观的喜悦，对装饰和游戏的爱好时他的人性开始建立。也就是说当人是完全意义上的人时，他才游戏；只有当他游戏的时候，他才是完全意义上的人。

原始人开始涂鸦、开始捏塑等游戏的时候，是不需要与野兽搏斗、为生存奔忙的时候，他们有精力来进行愉悦自我，同时也有可能愉悦他人的活动。于是，人的喜悦的无规则的跳跃逐渐成为舞蹈，发之于情的声音逐渐成为音乐和歌曲，涂鸦逐渐完备成为绘画。

“对当今世界还存在的原始部族的艺术考察中发现，艺术确实与游戏有关，例如原始部族中在空闲时往往有大规模的、集体的狂欢舞蹈和歌唱，那种强烈的感情和欢快的节奏，根本不可能从劳动节奏中产生。”[①]这里出现了我们上面提到的第3点，以原始部族为参照系来探讨艺

① 杨琪：《艺术学概论》，高等教育出版社2003年版，第296页。

术的起源。同样，我们也可以通过日常的感性经验来获知目前边远少数民族一直存在的载歌载舞的生活习惯。歌舞游戏是没有被现代文明更多渗透的人群比较愿意进行的娱乐活动。

表现说

艺术的起源同样可以从人表现自我的角度得以说明。比如，我看见了野牛，因此我描绘这头野牛，把我描绘的结果呈现出来，是我的个人力量的一种对象化，是对我的存在意义的一种确认。就像黑格尔经常举到的那个例子：一个小男孩把石头扔到水里，以惊奇的神色去看水中所现的圆圈，觉得这是一个作品，在这个作品中看出他自己所活动的结果。每个人都需要自己的存在产生意义，就像小男孩通过圆圈体会到自己的行为的结果。

这种说法在中国有着悠久的历史，比如汉代《毛诗序》中就讲到："情动于中而形于言，言之不足故嗟叹之，嗟叹之不足故咏歌之，咏歌之不足，不知手之舞之，足之蹈之也。"[①]诗歌、舞蹈毫无疑问都导源于一种不可抑制的情感冲动。通过我的声音、动作传递我的感情，通过我的声音、动作表达我的意愿，这种表达由于节奏的运用，而具有了一种比较强大的力量。人要表现自我，为了效果显著，就要选取一种比较独特的方式，从而让自我的意义能够得到确认，艺术无疑是一种合适的手段。音乐、舞蹈的抒情性通过力度的强弱、节奏的快慢、幅度和能量的大小等多种方式，来表现人们繁复多样、深刻细腻的内心情感。因此我们才体会了《二泉映月》的哀怨、《命运交响曲》的激荡，以及《梁祝》的低回不已。回头看看，那在洞窟中绘制野牛和其他动物图案的古人，他们想表现什么呢？要表现自

① 北京大学哲学系美学教研室编：《中国美学史资料选编》上册，中华书局1980年版，第130页。

我的力量，表现人类在与野牛的搏斗中必胜的信心吗？还是看到植物葱郁的自然，看到动物游走的繁盛，忍不住绘制这些美景呢？也许都有吧。

当我们以一种推理和想象的方式进行艺术起源追溯时，不能不提到一种叫做“劳动说”的说法，它也与艺术的起源有关。史前人类的劳动为什么必然具有艺术的萌芽和艺术性因素呢？

劳动说

西方许多学者认为这是因为原始劳动的艺术性因素可以在技术上和生理上使劳动变得轻松，使动作变得协调。因此劳动和节奏是密切相关的。所有固定的劳动，比如种植，比如渔猎，总是要在一定的时期内被一次次地重复着，通过节奏的约束，形式被稳定下来。“劳动号子”——人们拉沉重的东西时发出的那种在世界各地都盛行的歌曲，使劳动变得容易和舒适了。当一种劳动习惯在单个人或集体劳动时产生一种呼喊时，一种听得见的节奏就开始了，慢慢地，这种节奏成为这种活动的象征，慢慢地，即使这种活动不再继续，这种节奏也可能会单独地出现，成为一种记忆、一种熟悉的旋律，以它单纯的节奏美被记录下来，成为音乐的母题。

在劳动中，手和脚总是要活动的。手可以拍打，脚可以跺跳，因此手的拍打和脚的跺跳所产生的节奏在原始人的音乐和诗中就出现了。原始的诗歌，比如我们喜欢的《诗经》的句子，有着我们熟知的重复感和节奏感。当然，重复本身也是一种节奏，不断重复的节奏在一吟三叹之间成为了歌舞的背景。中国远古时期诗乐舞合一的传统，应该也与这些艺术形式在萌芽时期因为共同的音乐感而密不可分。让我们一同体会一下《诗经》的句子①：

① 节选自《诗经·小雅·采薇》。

采薇[1]采薇，薇亦作止。曰归曰归！岁亦莫止。

靡室靡家，猃狁[2]之故；不遑启居，猃狁之故。

采薇采薇，薇亦柔止。曰归曰归！心亦忧止。

忧心烈烈，载饥载渴；我戍未定，靡使归聘。

…… ……

昔我往矣，杨柳依依。今我来思，雨雪霏霏。

行道迟迟，载渴载饥。我心伤悲，莫知我哀！

采薇呀采薇，归家呀归家，在心中念了千遍万遍，但依旧是好生烦忧，没有人可以安慰。依依的杨柳，纷飞的雨雪，让思念的人儿饥渴难耐，哀愁莫名。这是怎样一种交响乐般汹涌的情感，在语词的回环往复中一波一波地袭来，退去，复袭来。

采薇的动作，不断重复，正如思绪不断涌上心头。人们在劳动稳定的节奏中积淀不断成熟的情感，和劳动一样不断重复情感的锻炼。“烈烈”、“依依”、“霏霏”、“迟迟”是音乐，是情感，是在劳动和生活的真实场景中酝酿艺术的源泉。艺术来自生活，而劳动是先民生活重要的组成部分。我们可以看到《诗经》中很多的诗歌，都取自桑间濮上，取自劳动的瞬间，并且合着劳动的节奏，合着如水波一样的节律，三百篇，汪洋恣肆，一直流到今天。

当我们把艺术的起源和摹仿、游戏、表现、劳动等因素相联系时，我们意在指出这些可能的原因影响并推动了艺术的出现。但是，有一个重要的问题我们不能忽略，其实我们一直都在以今人的态度来理解艺术，以今人的定义来约束古人。因为讨论艺术的起源必须建立在我们和古人拥有同样的艺术概念基础上，而我们今天所谓的艺术，古人没有认同，古人是否把我们所视为珍品的洞窟壁画、彩陶以艺术的名义指认？这是一个无法回答的假问题。我们看到的现象是在我们的考古发现中有这样一些今天被人们称为绘画、雕塑和工艺品的东西。

① 薇，一种豆科植物。

② 猃狁（音显允），古民族名，即后来的匈奴。

而古人是否以一种艺术的观念对待它们就很可能存有争议。

巫术说

以洞穴壁画为例，我们会发现洞穴壁画往往在黑暗洞穴的深部，西班牙阿尔塔米拉洞穴几乎有一千米长，壁画在它的顶部，有的壁画竟画在人只能平躺在地上才能看到的岩石缝隙中，因此可以认为这些壁画不是为了鉴赏，而是巫师所作的巫术。巫术认为，狩猎之前画什么，人们就会在狩猎中获得什么。壁画中出现的动物被棍棒打击的痕迹被“交感巫术”认为，只要是对动物的某一部分施加巫术就会影响到动物的整体及其他部分，因而我们可以认为这是为了猎取猎物所进行的“创作”。所以，我们所看到的这些在今天被人们称之为艺术品的东西，在当时是为了满足某种实用的需要所布置的一种巫术道具。

以舞蹈为例，我国当代白族舞蹈家杨丽萍谈到白族关于歌舞的传统观点，就认为歌舞是作为巫术的一种仪式而产生和存在的。她说：“长老都跟我们讲说跳舞是为了跟天和地沟通、讲话，要和神灵沟通、对话。民间里管我这种比较有代表性、有创造性的、有舞蹈天赋的人叫‘必嫫’，汉语翻译过来就是‘巫’。这种人是可以和天地传递、沟通的媒介。”杨丽萍以跳孔雀舞闻名，她以孔雀舞为例说：“跳孔雀舞是我们的一种仪式，它不是一种工作，也不是一个舞蹈作品，是对美、对异性可爱的一种表现……我们跳孔雀舞的时候不是作为一个作品来表现，而是一种仪式。”①

在甲骨文中，舞和巫是用一个象形文字表示出来的，最初的含义是一样的。现存的某

① 转引自潘必新：《艺术学概论》，中国人民大学出版社2008年版，第22页。

舞蹈纹彩陶盆

些原始舞蹈形式中，就有摹仿巫术表演的。一些舞蹈者有的就是专职巫师，他们能歌善舞。“舞蹈纹”盆上的人物被描绘得十分生动，五个人物平行着手拉手，动作协调，很有韵律感。他们头上戴着饰品，下体还有一个尾巴样的东西，有研究者认为这是摹仿野兽的装扮，通过舞蹈表现狩猎成功的心愿。

我们还可以看两个彩陶作品。

忽略它们的名字，看到它们的肌理，它们的和谐对称、回环往复的线条时，我们会忍不住问：何以有这样的构图，何以有这样的想象？这无疑是抽象化和符号化的结果。由再现到表现，由写实到写意，美感的产生在于我们和古人一样体会到了其中的“意味”。这种意味由何而来？或许是由于某种观念、感受蕴含其中。而这种观念感受从自然中来，从生活中来，从可以看得见、摸得着的植物、动物、花卉、人物中来，是曾经的历历在目变成了陶罐上的了然于心；是曾经寄托了某种情感状况、某种殷殷期待的物象，以不再写实的方式提示人们某种古老的内涵，一如我们今日对于梅、兰、竹、菊的人格想象。这种把内容压缩为形式的记忆方式，时至今日还依旧存在于我们的文化深处。我们对某些形状、某些色彩的偏爱，其实可以做一番追根溯源的研究。这是由于古人的巫术信仰，还是由于对内容进而对形

变体神人纹壶

式的爱？我们不必去厘清，因为，这些纯朴、古雅、天真、稚拙的图案让我们一次次回到人类健康成长的童年时期。就像今天的儿童在一个个不断重复的童话故事中，体会峰回路转的惊喜，一个王子如何经过层层的磨难终于与公主心想事成，一个小人物如何经历九九八十一难终于成就一番事业。古老的作品——童话就是如陶瓶一般不断旋转人间的悲欢离合，让我们一次次从起点走向终点，并且不知疲倦。童话就像是一个民族成长历程中的巫术，而巫术也好像是一个广义的童话作品。我们人类甘愿在这样的情节、这样的情感中体会希望、信念，体会这个我们所不能了解的世界。

所以，谈到艺术的起源，我们很难把艺术发生的动力源归于某一种说法之中。劳动、摹仿、巫术、游戏、表现等，我们今天看来可能的艺术发生学观点应该都有存在的可能。但是，以一种多元决定论的说法来把各种说法统一起来，等于让每一个因素都处于不分轻重的地位，这样的艺术起源研究就只能变成一种猜测和观点的罗列。在这些与艺术起源有关的观

连续神人纹罐

点之中，最应该关注的是与原始人思维状况密切相关的说法：巫术。

原始人的思维尚处于未曾分化的混沌状态，我们今天文明人所具有的各种相对独立的思维功能：科学的、审美的、宗教的，在原始人那里被统一于万物有灵论和情感一体论中。可以说在巫术活动中包含着科学、宗教、艺术的成分。我们看到的是一幅《野牛图》，我们认为这是属于今天的“艺术”范畴，但是在原始人那里，这既是宗教的，又是科学的和审美的，这是一种对必然猎获野牛的信仰，是一种传授野牛猎获经验的示意图，同时亦是一种展示野牛风姿的作品。

巫术对于原始人来说非常重要，原始人的动物性如何被人性所慢慢代替，如何让混乱的居住状态走向一种比较有秩序的部落模式，如何给原始人一种合理的解释，为什么自然界如此凶悍和恐怖，而野兽威胁人类的生存，如何让原始人生活在一个比较安定的状态，而不是惶惶不可终日，这些都需要巫术的力量去组织。巫术礼仪通过图腾歌舞的方式一方面模拟各种生产活动，把生产活动中分散的东西集中起来，让定期的歌舞演习培养和锻炼人的生产技能；另一方面群体在协同、合作中逐渐收敛了动物性的情绪。原始人对自然界的恐惧，由于集体的力量不断增强和在巫术活动所营造的强大神圣气氛中慢慢减少。是巫术让原始人初步感觉到生命的“意义”，于是后来的科学、宗教、政治、道德以及艺术慢慢发展起来。

古人炼丹以求长生不老，虽是一种不可能完成之任务，但是，这种行为慢慢地走向科学的范畴，人们开始发现自然界中那些奇特的元素，以及它们组合后形成的强大的力量。原始巫术的创造者和组织者，比如巫师通过不断领导人们的歌舞、祈祷和驱邪等活动逐渐成为民众中的领袖，在世俗社会成为政治首领。随着人们对这种超自然力量的信念日益增强，在世俗统治之外，人们还渴望有一种可资依赖的精神支柱，不仅给现世以寄托，而且给来世以希望。灵魂不灭、轮回的观念，以及死后进入天堂的巨大诱惑，让人间出现了宗教，人类自己设计了自己的拯救之旅。道德也是一种很微妙的东西。用一种什么样的方式来约束原始野蛮的冲动，让整个组织各处其位、各谋其政，需要一种说法，需要一种形式，并且给这种形式以意义。比如由于在组织中的地位不同，地位高的可以穿某一种颜色的服装，地位低的就不被允许，如果违反了，就是违反了礼节，也是不道德的。比如对于女性来说，在母系氏族社会，女性的地位高于男性，孩子不知道父亲是谁是很正常的事。可是，人类文明史上大部分时期，女性的地位都不如男性。男性似乎成了这个地球上的权力掌握者，于是给女性很多规定，比如，丈夫死后不能再嫁，要从一而终，要讲求三从四德，否则也是不合礼，不道德的。

古代的巫术礼仪非常严格，丧葬的仪式、结婚的仪式、待客的仪式等都不能有丝毫的差错，否则会引起很大的社会反响。比如传说庄子的妻子死后，它不仅不悲伤，反而“鼓盆而歌”，这在当时肯定是令人非常不理解的，否则也不会作为典型的事例流传下来。今天，我们同样也遵守许多传统习俗，男女结婚的日子要特别选择，亲人去世了，要按照规则定期烧纸钱、上坟（扫墓），这是一个完整的仪式，甚至有一套完整的文化，这和春节、中秋等习俗一样成为中国文化不可分割的一部分。礼仪，让一个民族的性格得以指认，得以感到个体是一个有根的存在，得以感觉个体和这片土地的亲缘关系。从原始的巫术礼仪中逐渐定型化的道德、礼仪、文化成为一个民族个性的标志。同时礼仪严格也是为了锻炼人们保持一定的秩序，从而更容易接受社会化的管理。人类的成长历程就像一个孩子的成长历程一样，不断被各种道德观念包裹着，从一个动物性的人变成了一个懂得节制、彬彬有礼，与家人、社会和谐统一的人。

艺术的产生当然与这些科学、宗教、道德、政治有着千丝万缕的联系。可以这样说，这些活动的过程形态方面就逐渐发展为“艺术”。

中国最早的音乐、舞蹈、诗歌都是从巫术中产生出来的，它们都是为了祭神而存在。中国的某些地区至今还保存着完整的祭神仪式，比如傩舞。

傩舞是广泛流传于这些地区的一种具有驱鬼逐疫和祭祀功能的民间舞蹈，是傩仪式中的舞蹈部分，一般在大年初一到正月十六期间表演。表演者头戴傩戏面具，随着音乐的节奏呼喊、跳跃、舞打。通常认为傩舞历史久远，殷墟甲骨文卜辞中就已有傩祭的记载。它以原始文化为基础，阴阳五行为先导，以法术、巫术为手段，并融入了自然崇拜、图腾崇拜、鬼神崇拜、祖先崇拜等内容，是我国民间文化的重要组成部分，是中国舞蹈的活化石。今天，这些地方的人们依旧进行傩舞的表演，现在跳傩舞主要用在工程开工、开盘、开业以及乔迁新居、结婚和祝寿，同时也用在求子求财等祈福活动、祛邪活动等带有传统意味的活动中。傩舞作为一种带有地方特色和民族特色的巫术活动正在逐渐成为一种群众喜闻乐见的艺术门类。艺术的内容与时俱进，艺术的形式被积淀了下来。舞蹈、歌唱和诗歌，从诗、乐、舞合一的远古走到今天，傩舞的集体模式、身体动作技巧、装饰性、节庆色彩被流传下来，已经是一种成熟的艺术门类。

这让人们想到京剧，京剧演员的脸谱传说就是源于面具，只不过，脸谱将图形直接画在脸上，而面具把图形画在或铸在别的东西上面后再戴在脸上。脸谱的作用，除了表示性格

」傩舞

外，还可暗示角色的各种情况，比如项羽的双眼画成“哭相”，暗示他的悲剧性结局，包公皱眉暗示他苦思操心，孙悟空的猴形脸暗示他本是猴子。脸谱的另一作用是“距离感”，拉开戏与观众的心理距离。脸上的图画使观众分辨不清演员的本来面目，并且与生活中的真实人物相貌很不一样，像戴着假面具一样。这使得观众不容易“入戏”，避免产生幻觉，而是专心于审美和欣赏。脸谱的浓重、鲜明的油彩和多样的图案，再配上各个行当独特的音色、动作，就会形成强烈的艺术刺激，让观众感到兴奋、震撼和宣泄。我们常说戏曲是古老的艺术，因为戏曲就是起源于原始歌舞，如今戏曲依然是非常珍贵的艺术门类，就在于它在原始意义的基础上，不断“典型化”，人们也不断重温精彩感性的形式。这些形式曾经积淀了丰富的原始文化内涵，如今我们从形式本身就可以感受到艺术的愉悦。所以老戏迷们，对《四郎探母》、《锁麟囊》等百看不厌，已不再是迷恋故事的内容和道德内涵，而是在一声声高亢悠扬的唱腔和火爆激烈的招式中体会某种韵味。

追问艺术起源的意义

我们不断追问艺术的源头，最终的目的还是为了现实问题。当我们要尝试了解一件事物的本质时，我们通常要询问它的缘起，正像一谈到人的本质，我们总是会问，人从哪里来，到哪里去，人生的意义何在。同样艺术起源的追问最终要落实在对艺术本质的理解中。只有知道了艺术为什么而诞生，我们才能思考今天艺术存在的意义和今天艺术产生的究竟。

令人遗憾的是，“艺术”这个名称并非古已有之，我们今天称为“艺术”的东西，我们今天对艺术的态度，和古时人相去甚远。我们今天拿着一个斑斑驳驳的彩陶，视为珍品，反复玩赏上面的图案，遥想那个龙飞凤舞的时代。可是这个陶盆，在产生之初也许只是一个生活的器皿，发挥实际的用处。我们是否可以得到这样一种感觉：艺术源于非艺术？

我们的古人，在生活中，在劳动中，在祭祀中，需要一种方式把凌乱的感受加以集中处理，需要以一种感性的形式对现实生活，对生产现象进行模拟，从而形成形象。这种形象可以是绘画形象，抽象的或具象的，可以是雕塑形象，可以是音乐形象，还可以是建筑形象、文学形象。在这样的艺术活动中，人们逐渐锻炼了审美能力，审美能力也在创造和赏玩中得到提升。只是这些所谓的“非艺术”在原始的意味的包裹之下，充满强烈的目的性。而今天的“艺术”创作的目的性并不是很清楚，或者说目的更多元化：有人为了精神需要本身，有人则受利益的驱动，还有的大概为了道德说教的需要，也不排除原始的巫术动机依然存在。比如一些纪念性的作品、一些为了某些仪式特别设计的作品，就同样含有艺术之外的目的，在发挥某种“作用”。

原始艺术存在的意义在于使那个人类无法控制的自然界和人类世界保持和平的状态，如果不能和平就要用一种想象的方式来达到愿望。比如世界各地的巫师都尝试过这样的巫术：制一个仇人的木偶像，用针把它刺穿，或者烧掉它。原始人不区分实物和替代品的思维模式，使他们坚信这样做的意义。曾经有一位欧洲的艺术家去非洲的乡村画了一些牛的素描，当地居民就很难过，认为如果这些画被带走了，他们便无法生活，因为真正的牛也被带走了。其实这种内心的感觉，今天的人也同样存在，只不过今天我们不叫它巫术，我们只是坚信艺术要有所寄托。这种寄托或者是一种美好的愿望，或者是内心的表白，或者是与自然的完美统一，或者是与文化背景的高度融合，比如著名的有机建筑——流水别墅。流水别墅由

」赖特《流水别墅》

美国著名的建筑家赖特建造，赖特认为建筑应当从属于周围的自然环境，就像植物从它所在的环境中自然而然的生长出来一样。这座流水别墅位于美国的匹兹堡市，平台下面是天然的溪水，推开窗可以日日见到庭前的花开花落，天边的云卷云舒。赖特的寄托在于对回归自然的渴望。

我们应该关注的是，即使原始人不是把绘画、雕塑等当做纯粹的艺术品，而是把它们当做有明确用途的东西，我们也要看到原始的艺术家依旧留有表现自己气质的余地，原始艺术的精美绝伦令今人也不由得叹为观止。在艺术史的发展中，后人总是站在前人的肩膀上，原始艺术家的色彩感、造型能力、创意和风格成为后世艺术家学习的范本。通过歌舞表演、通过绘画雕塑来达到某种目的，实现某种观念，由于对这一点深信不疑，所以艺术家们把全部的热情和智慧投入其中。比如金字塔的建造就一直是让人们困惑的奇迹。还比如由巫术发展而来的宗教建筑，从宏大的外观，到繁复的细节，整体充满了迷幻的色彩。在欧洲中世纪，艺术只能用来反映宗教题材，并且只有反映了上帝的作品才是美的。中世纪的美学原则就在于哪里有上帝的光辉，哪里就美。要创造这样的艺术品，艺术家需要一种强大内心力量的支撑，在过往的时代如此，在今天，应该亦如此。

起源与本质

追溯起源是为了理解艺术的本质，或者可以说，从艺术的源头探索中我们得以对艺术有更深的了解。我们发现了这样一个对应关系：那就是从人类认识世界的角度，我们得到唯心主义和唯物主义，从唯心主义中，我们又区分了主观唯心主义和客观唯心主义。从艺术起源的探索中，我们发现艺术的最初创造可能源于摹仿，源于表现自我，源于游戏的冲动，源于巫术活动，以及源于物质生产劳动。把这两个层面的问题加以比较，我们可以找到一些对应关系。

主观精神——游戏说、表现说

客观精神——巫术说

唯物主义——摹仿说、劳动说

我们会发现原来起源与本质是一个彼此兼容的概念，起源的探讨充满迷雾的同时，本质的探讨也不会拨云见日，只因为人类对社会的认知永远不会是同一模式。今天的艺术家从各种各样的角度创造艺术，古人是否也同样呢？今天有所谓现实主义、表现主义等说法，古人也同样对生活有自己的了解。因此巫术说就呈现了古人在进行绘画、雕塑、歌舞时的深层心理，为了达到某种愿望，要通过某种方式。可以画一只野牛在山洞深处，并且画上它受伤的状态；也可以戴上牛头面具，载歌载舞，以此来祈求捕猎成功。虽然，劳动可以是对艺术产生重大作用的因素，但不是最直接的原因，因为，劳动作为人的类本质，它的意义过于宽泛，试问哪一种精神领域的东西不是建立在经济基础之上呢？同时，经济基础的建立又必然由于劳动的存在，人类的实践劳动是人类存在和发展的基础。我们可以用劳动去解说人的本质，但是艺术的本质应该寻找一个更有精神内涵的元素，艺术作为精神文化的分子，首先源于人们的精神需要，而巫术是原始人生活的精神支柱，是原始人理解自我与世界的精神工具。巫术在我们今天看来也许只是先人的一种想象性的安慰。但是，对于原始人来说，他们却深信不疑。艺术，在今天对我们来说，同样是一种精神的需要，一种灵魂的慰藉，一种自我的宣泄和满足，这是超越劳动和物质生活这个层面的享受。虽然我们的思维不完全是艺术化的，但是每个人都向往艺术化的人生。我们知道艺术的虚拟性，但是我们常常依靠艺术增加对社会人生的了解，依靠艺术来逃避现实生活的痛苦。所以，经典的艺术在今天这个时代也具有巫术般神圣的意味。

请你思考

1. 你对巫术了解多少？你看过《人鬼情未了》吗？现代电影利用巫术活动来充实内容，非常吸引观众，你认为这样做好吗？

2. 随着对艺术起源的了解，你在欣赏史前艺术时会不会开始有意识地思考原始人创造艺术的深层动机？中国传统器皿中经常出现的图案（见下图）是什么意思？它与中国文化有什么关联？

延伸阅读

阿恩海姆《艺术与视知觉》

江苏省连云港市郊锦屏山的将军崖岩画，是我国现存最早的岩画。这处岩画属于新石器时期，距今已有三四千年历史，主要内容为人面、兽面、农作物以及各种符号。由这些简洁的造型，我们是不是可以感觉到原始艺术和儿童艺术的关联？那么我们可以看看鲁道夫·阿恩海姆是怎么说的。

我推荐大家阅读鲁道夫·阿恩海姆的《艺术与视知觉》（滕守尧等译，中国社会科学出版社1984年版），尤其是其中的第十八节《原始艺术与儿童艺术》。

考虑到史前艺术中稚拙的造型以及难以追溯和想象的创作心理过程，我

们可以从研究儿童心理出发来思考其中可能存在的相似性。儿童画为什么都是由一些简单的形状组成的呢?

阿恩海姆认为:“儿童在一定的年龄阶段上只能注意事物的个别细节,因此,儿童在这个阶段上画出的画就只能突出某一些比较鲜明的特征。当然,儿童们在这个阶段上对周围事物的相貌特征还不太感兴趣。”[①] 儿童的理解力在这一时期还很有限,他们可能注意到人的头是好像圆形的,并且这是一个比较

① 阿恩海姆:《艺术与视知觉》,滕守尧等译,中国社会科学出版社1984年版,第177页。

鲜明的特点，于是画人时他们先画一个圆圆的头。

“随着年龄的增长，儿童对这种绘画形式的掌握也就变得熟练了。他们最先获得的成果，便是那些最为简单的形状，而利用这种形状所完成的必然是一些简单的构图。此后，儿童的视觉理解力就渐渐地适应那些更为复杂些的形式。随着更多的不同媒介物的出现，他们便能够表现更为复杂和深奥的现实。”① 时间的增长，从个人来说是心智的成熟，对艺术史来说，是艺术风格的转变，我们会发现艺术由原始的简洁慢慢走向复杂，技法也从单纯逐渐变得多样。所以儿童作品中所出现的某些形式，与原始艺术和技术不太熟练的某些成年人的作品中的某些形式，都有相类似的地方。

通过儿童艺术与原始艺术的比较，是否可以获得一个人心智的启蒙阶段与人类的萌芽时期具有大致相似的艺术创作特点的结论呢？阿恩海姆有自己独到的观点，他认为“原始艺术中所出现的某些风格，是不能用缺乏技术或尚欠成熟的概括能力来加以解释的。这些风格往往是由那些具有悠久传统的手工工艺经过长期锤炼逐渐形成的，是由这些手工工艺所锻炼出来的敏锐的视觉观察力和手的熟练技巧所创造的。”② 他还认为“原始人观察事物时的敏锐性以及他们的准确的记忆能力。都大大超过了某些更为先进的文明人。”③

要了解原始人的思维方式，必须去了解艺术在原始社会的职能，原始人对艺术的理解与今天有巨大的差异。原始艺术的目的，并不在于去产生愉快的形象，而是把它作为日常生活中的重要的实践工具和一种超凡的力量。通过表现这些物象，原始人是在与社会交流，是在实现一种内心的寄托或与自然的、超自然的力量的对抗。所以原始人“再现一个动物时，仅仅是将动物的肢体或某些器官的数目表现出来，或者是仅仅用一些轮廓线鲜明的几何图形准确地表

①② 阿恩海姆：《艺术与视知觉》，滕守尧等译，中国社会科学出版社1984年版，第177页。

③ 同上，第178页。

示出这些器官的种类、作用，重要性以及它们之间的相互关系。”[①] 就如同今天的儿童画一样。

鲁道夫·阿恩海姆的《艺术与视知觉》是一本非常有趣且有意义的书，以上我们从本节的关键问题——艺术的起源出发推荐了本书中一段相关的文字，除此之外，本书还有许多值得细读和深思的地方。阿恩海姆赞同这样的观点：对艺术的研究就是对人本身研究的一个必不可少的部分。所以研究艺术对每个人都是至关重要的事。

① 阿恩海姆：《艺术与视知觉》，滕守尧等译，中国社会科学出版社1984年版，第179页。

第三讲　形象还是抽象
审美还是审丑

——关于艺术的特点你知道多少

在目前常见的艺术概论类教材中，“艺术的特征”这样的章节是必然要设置的部分。确实，了解艺术，了解艺术门类，并上升到理论的高度，就要总结出各门类艺术普遍具有的特性。但是我们发现艺术是这样一个复杂的集合体，我们要谈艺术的特征，不是抽象地谈论艺术，而实际上是要面对各个艺术门类，从各个艺术门类中总结这一门类的特点和那一门类的特点，然后从中发现所有艺术门类都具备的特点，并且我们希望这种概括能够涵盖所有的艺术门类，不仅在共时的层面上，而且在历时的层面上。那么，当我们通盘考虑各种艺术门类的时候，当我们把传统艺术和现代艺术全部纳入研究视野的时候，我们会发现这几乎是一个不可能完成的任务。也就是说，艺术的特征在这些艺术门类中呈现出来，但是在那些门类中就消失了；艺术的特征在现代艺术中是这样的表现，在古典艺术中又是那样的表现。我们怎么能说艺术有统一的特征呢?

首先从艺术的产生来源来看。黑格尔关于美的理解是：美是理念的感性显现。艺术要表达理念，而艺术又是美的集中体现，因此我们也可以认为艺术是理念的感性显现。既然显现出来，那么艺术应该具有明显的感性特征，可以诉之于人类的体验，使人不仅可以以身体之，而且可以以心验之。因此艺术应该具有形象性。同样，当我们考虑到艺术来自于主观情感的抒发时，我们可以想见艺术必须具有强烈的情感，是艺术家在感情饱满的状态下把某种思想或感情具象化，以符号的形式表现出来，因此艺术应该具有情感性；并且考虑到艺术是世界上美的集中体现，那么艺术必然具有审美性。此外，因为艺术要表达情感，那么艺术还要具有主体性，并且这种主体性发展到一定程度时，艺术必然充满独特性、自由性或独创性。艺术不仅要表达情感还要表达思想，并且每一位艺术家都希望自己的作品在艺术史上传之久远，而艺术的永恒价值往往在于它传递了一种永恒的意味或普世的价值，从这个意义上说艺术还应该具有思想性或哲理性。这些艺术的特征或隐或显地存在于各种艺术门类之中，成为艺术区别于哲学、宗教、道德等其他精神产品的独特之处。以上所列举的艺术的这些似乎是必备的特征，而且我们确实在很多的艺术门类的很多艺术品中看到，但问题似乎不是这么简单。

就目前我们对艺术各个门类的体会来看，大家通常认为绘画是比较形象的，雕塑是比较形象的，文学是比较形象的。比如五代南唐画家顾闳中的作品《韩熙载夜宴图》，这幅长卷以“听乐”、“赏舞”、“休息”、“清吹”、“散宴”五个连续的画面描绘了韩熙载家宴的情况。宴会的排场很豪华，气氛也很热烈，但是仔细观察画面，我们会发现韩熙载始终处于忧郁的状态，内心的矛盾和空虚通过画家对人物形象的精心刻画表达得淋漓尽致。艺术家对人物内心世界有深刻的了解，然后通过绘画的方式让观众理解，对形象的刻画达到极致，这也就是我们说的“传神”。所以，在中国作品中，可以认为“传神”是形象化的最高境界。

雕塑同样是形象的。雕塑和绘画一样，要选取最有包蕴性的瞬间来表达作品的独特内涵，并且雕塑还要有特定的质感和亮度，要让我们能够围绕着作品的各个角度进行全方位的观察，观众从每个角度看过去，都是一幅杰作。比如希腊晚期的一座雕像群《拉奥孔》。

拉奥孔是希腊古代传说中特洛伊城的祭师，他知道希腊人为了攻陷特洛伊城做了一只巨大的木马放在城外，所以他警告人们不要让大木马进城。这触怒了袒护希腊人的阿波罗神，于是当拉奥孔和两个儿子在海边的时候，就被阿波罗神派来的大蛇缠住了身体，拉奥孔和儿子们都承受着精神和肉体的莫大痛苦。雕塑群就表现了这一痛苦的瞬间。尽管温克尔曼认为希腊杰作的一般特点是“高贵的单纯和静穆的伟大”，但是，我们从希腊人的造像里还是可以感觉到一个激情中的伟大沉静的灵魂。拉奥孔处于极端强烈的痛苦中，他的面容及一切的肌肉和筋络都在展现痛苦。拉奥孔处于三角形稳定结构的顶点，但是这个三角形却充满了动感的扭曲。虽然，在这样一个瞬间，还接近一个正三角形的模式，但是，我们可以想见，这个稳定结构正在走向瓦解，我们通常认为巴洛克风格的艺术具有紧张、亢奋、激扬的情绪，这和古希腊的静穆、和谐有着明显的区别。但是在《拉奥孔》这个作品上，我们能感觉到那种扭曲的动感中带有些许巴洛克风格的影子。我们不妨将此件雕塑和巴洛克风格画家鲁本斯的油画作品《劫夺留西珀斯之女》进行比较，体会其中震撼人心的力量。

阿格桑德罗斯等《拉奥孔》

拉奥孔忍受着身体的折磨，同时也显现着心灵的伟大，面对这组雕塑，我们仿佛可以听见呻吟的声音，我们仿佛可以感到自身肉体的紧张，因为莫名的恐惧。雕塑的形象性既通过独特的造型，也通过可以触摸的质感传递给观众。用白色大理石的质感表现人体的肌肤，使人仿佛可以体会肌肤下血脉的奔涌。这是其他材质，比如青铜、木材、石灰岩等无法传达的。

文学的形象性似乎是一个大家公认的古老话题。每一个优秀的艺术典型都是一个呼之欲出的人物，他的外形、他的声音、他的动作，构成了一个充满生气的总和。《水浒传》中的一百零八人，每个都有独特的性格和气质——林冲的懦弱隐忍、鲁智深的疾恶如仇、武松的敢作敢为、李逵的鲁莽耿直——每一个都构成了中国文化中带有鲜明个性特征的人物，这些

鲁本斯《劫夺留西珀斯之女》

人物形象由于以直观的方式深刻地揭示了社会生活的本质，成为人们日常生活中各种人物类型的代表。我们身边就有好多“李逵”、“宋江”一样的朋友。

如果要对“形象性”这个概念进行具体解释，应该指的是具体的形状和姿态，应该更多和人的视觉、触觉发生联系，而听觉、味觉、嗅觉似乎难以用形象性来概括。所以说形象性这个概念应该和视觉艺术联系更为紧密。而听觉艺术，如音乐，形象性就不太明显。因为摹仿形象并不是音乐的主要目的，而且许多音乐作品根本就不摹仿形象。所以，用形象性这个特点来说明音乐艺术就不太恰当。同时，在我们所谓的诉之于视觉的艺术——绘画、雕塑、建筑等门类中，我们也可以很方便地发现许多与形象性无缘的作品。

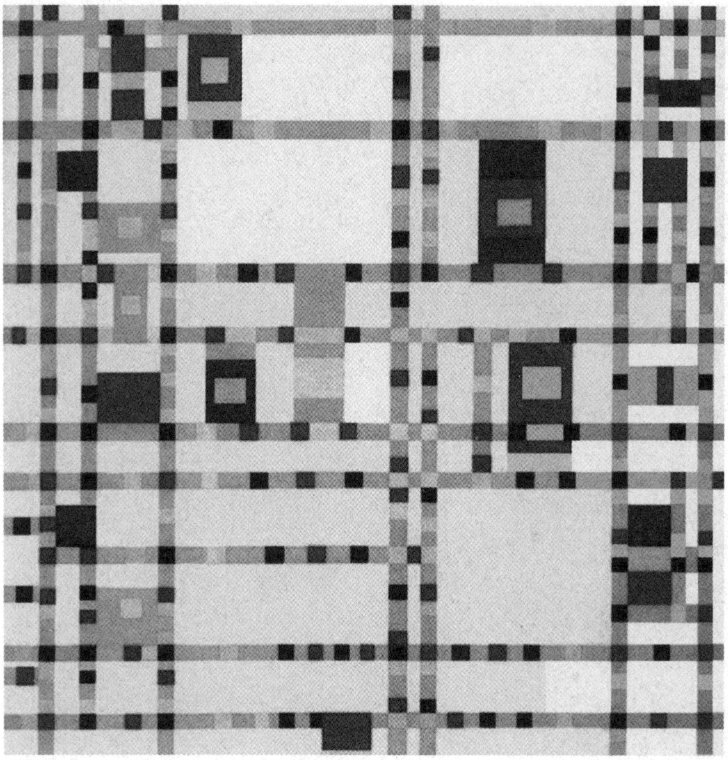

「蒙德里安《百老汇爵士乐》

然而从蒙德里安的绘画作品《百老汇爵士乐》中，我们又从绘画的形象性过渡到了抽象性的问题。什么叫做抽象？除了很像的“写实”、不太像的“具象”，“抽象”该是什么样子？让我们来看看这件作品，你看得出它是在画什么吗？

在接近正方形的白色底色上，有一条一条明黄色的鲜艳线条，在画面中疏密有致地纵横交错着，这些线条并不全是单色的，在它的上方，还杂有红、绿、蓝、白等鲜艳的小方块，使整个画面看起来，非常轻快活泼。但是，这件作品究竟是在画什么东西？世界上没有任何一件具体的事物长得像这个样子，它只有形状、只有颜色，不需要摹仿重现真实世界中的景物，也能形成一幅美丽的画面，这就叫做“抽象”。所谓抽象，也许是抽离事物原本的相貌，也许是旧有造型的简化重组，也许只是色彩线条的伸展，它不断挑战我们的审美认知，也引导我们回头去欣赏绘画中最基础的组成元素，同时更是诱发我们进行天马行空的想象。让我们猜测这幅画背后的故事。这幅画，看起来像铁路、像迷宫、像棋盘，但其实都不是，这幅画叫做《百老汇爵士乐》。

百老汇是美国纽约市一条重要的南北向道路，街头林立着许多剧院、舞厅，聚集了很多

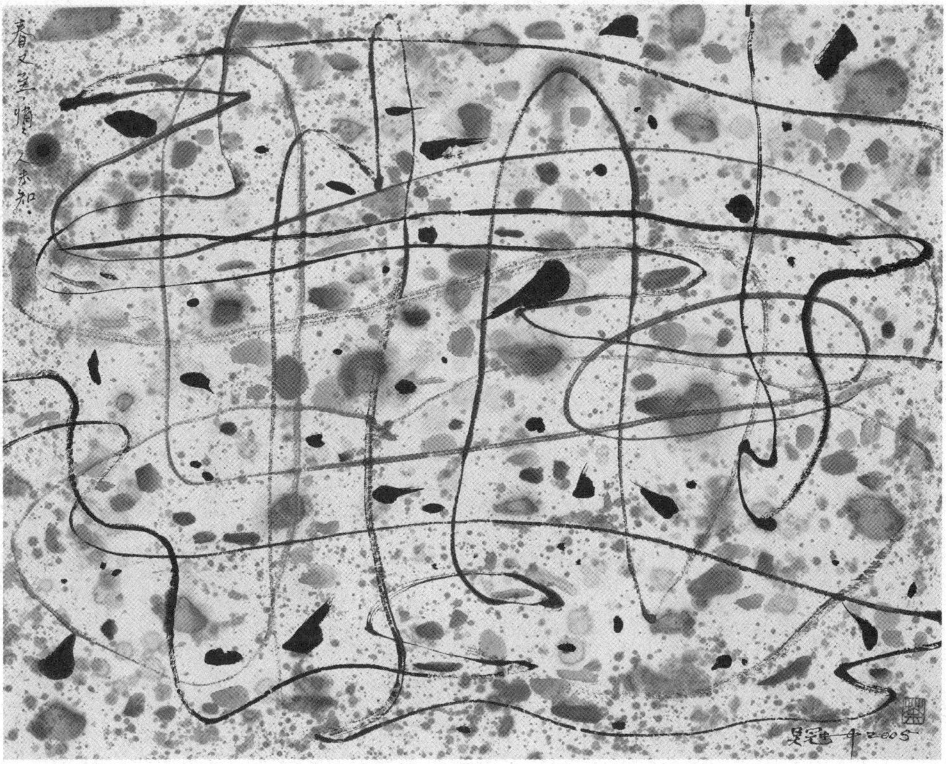

吴冠中《春又至》

从事表演艺术的大明星，而爵士乐是当时的流行音乐，是一种节奏轻快且富有情感的音乐，蒙德里安便集合了这两种印象，完成了这一件杰作。你看，纵横交错的线条不就像是街道的分布，错综其间的大小色块，不就像一个个跳跃的音符？看了这幅画，就不禁让人也感染了那份愉快的心情。像这种抽象画，虽不具有特定的形象，但仿佛又包含万象，给人无穷无尽的想象空间，不也是很美的吗？抽象的作品以另一种风格呈现艺术的魅力。中国的画家吴冠中也有许多类似这种风格的作品，比如《春又至》。

春天来了，一切都是刚睡醒的样子，春天像小姑娘，笑着、走着……这好像是朱自清的语言。春天在吴冠中的作品里，变成了无规则的墨线和彩色斑点，春天是慵懒和散漫的，春天是有声音的、踏着歌声的，春天是年轻的、跳跃的，春天是在冰雪初融的大地上舞蹈，这一切都展示在吴冠中的作品中。俄国抽象艺术的大师康定斯基认为：抽象艺术虽然没有明晰可辨的表现对象，单是形式和色彩就能给人以美感。客观物象并不是绘画的必要因素，真实的形象反而削弱和破坏了形式和色彩的美感。所以抽象艺术才是“纯粹”的艺术。

艺术从形象走向抽象

按照黑格尔的观点，艺术从形象走向抽象似乎也是有着内在的发展轨迹的。艺术的发展遵循从象征型艺术到古典型艺术，再到浪漫型艺术这样一个过程，象征型艺术以建筑为代表，比如金字塔，偏重于形式，由于形式的巨大，理念的表现不够明确；古典型艺术以雕塑为代表，比如古希腊雕塑，形式与内容的和谐统一，使得理念和感性显现之间也保持和谐的状态；到了浪漫型艺术，以绘画、音乐和诗歌为代表，艺术偏重于内容，内容逐渐“溢出”了形式的限制，又导致了理念与感性显现的分裂。艺术作为一种历史现象，最终要被哲学和宗教所代替。艺术的历史使命不是提升感性显现的地位，而是要不断提升其自身中的理念内容——精神的地位，使理念最终脱离感性实在的束缚，上升为绝对理念。艺术的发展史就是理念的异化及其扬弃史和理念的成长史。所以，我们会看到，在艺术的特征中，形象性不是一个永恒的话题，抽象性乃至思想性和哲理性也在不断地涌现，并且尤其是现代艺术和后现代艺术中，我们常可看到一些晦涩的艺术表现。比如亨利·摩尔的雕塑作品。

摩尔把原始艺术对人的生命的热烈追求和表现形式的率真质朴，与现代艺术反对摹仿、摒弃再现以及追求形式本身的独立价值的观念结合起来，走上了一条既保持西方传统艺术精神，又具有现代审美品格的艺术之路。

摩尔倾心于抽象造型，但他又始终与几何抽象保持着距离。他追求的是一种有机的生物态抽象。除了对人体的热爱之外，摩尔还喜欢从骨骼、贝壳、树根和卵形等生物形体中寻找抽象造型的依据。因此，他的作品不论如何接近抽象，却比某些较具象的作品远为有力地表现了一种动物的生气。特别是摩尔那些安置在蓝天白云之下的雕塑作品，就像是自己从大地中生长出来的生物，洋溢着与整个大自然息息相通的生命气息。

摩尔在作品中还喜欢制造孔洞，孔洞的运用打破了“雕塑是被空间所包围着的实体”这样一个西方传统雕塑的固有概念，让空间穿透雕塑，使空间成为实体的一部分，让雕塑与空间融为一体。摩尔本人认为，人像身上的孔洞具有神秘的力量，按照神学家的解释，这种带孔洞的人像有着某种深意。神学家认为“上帝是人的完整性的唯一保证”，摩尔的带有孔洞而不完整的人像正是“上帝死了”之后人类生命的写照。所以，摩尔的人体雕刻与毕加索的支离破碎的人体绘画在精神含义上是完全相同的，都是他们对人类命运思考的结果。孔洞似

亨利·摩尔《母与子坐像》

乎已经变成了摩尔的商标，也成为他的雕塑生发出神秘魅力的重要因素。

雕塑的抽象造型、绘画的抽象表现，凡此种种，让我们感觉到艺术发展的某种趋势暗合了黑格尔对艺术发展趋势的预见。有学者认为，黑格尔对艺术发展前途的描述表现出了悲观的思想，并且更悲观地认为这是对艺术走向解体的预言。当然，我们这里谈论艺术的未来是否走向解体还为时过早，黑格尔个人也认为艺术的解体还需要一个相当漫长的过程。我们只是要以此说明艺术的抽象性也是艺术发展旅程中必经的环节，艺术的形象性和抽象性将始终伴随艺术发展的轨迹，在同一艺术门类的不同风格作品中呈现，也在不同艺术门类中，表现出差异性和多样性。沿用这样的思路，才可以较好地解释艺术史中艺术在形象性和抽象性之间的徘徊，去理解为什么有的艺术门类形象性明显，而有的艺术门类以抽象性取胜。

「亨利·摩尔《立像》」

审美性这个字眼常常带给人误解

审美性，看起来似乎是艺术的一个不言而喻的特点。通常认为艺术是美的集中表现，艺术中的假、恶、丑经过艺术家的创造性劳动会变成艺术美，所谓“丑得那样美”就是这样一个意思。可是，“审美性”这个字眼常常带给人误解，好像“美”是我们在艺术中最重要的收获。其实“美”是一个含意丰富的概念，美包括很多不同的表现形式。在中国古代美学那里，人们一般称优美为“阴柔之美”，称崇高为“阳刚之美”或“壮美”。著名美学家朱光潜先生曾用两句充满诗意的语言来概括这两种美，崇高是“骏马秋风冀北”，优美是“杏花春雨江南”。在西方美学那里，美的类型更复杂些。西方文化讲究善恶对立，二元斗争，历史流变，因此美的类型的划分，不是建立在一个人与宇宙和谐的基础上，而是建立在人与世界斗争的基础上。所以，西方从古至今的审美类型可以分为三大类：与人一致的有“优美”，与人敌对而且比人强大的有“悲剧”、“崇高”、“荒诞”、“恐怖”等，与人不同但是比人低下的有“喜剧”、“滑稽”等。另外比如印度艺术、伊斯兰艺术对美的理解又呈现出多元化的状态，对美的理解也有各自的特点，此处不谈。站在中西文化的大背景下，我们发现美是一个内涵复杂的字眼，所以当我们单纯地讨论审美性的时候，就不能概括艺术中美的多样性。

艺术中有各种各样风格的审美对象，美是最重要的审美对象，但重要的意义不在于美的艺术高于悲的艺术和喜的艺术，而是只有把握了美的艺术，才能把握其他类型的艺术品。正因为美是最重要的审美对象，所以人们才长期把美等同于审美对象，所以审美性才会如此流行。

艺术中美的多样性是以人在历史实践活动基础上产生的审美对象的历史展开为基础的，也就是说，审美性的艺术和审悲性、审喜性的艺术呈现为一种历史逻辑的递进关系。从历时性来说，首先产生的是美，然后才是悲和喜。只有有了美，悲和喜才能成为审美对象。要证明这个观点，我们必须要回望原始艺术。

理解原始艺术，还有一种历史的距离感，如果说原始艺术是审美对象的话，那也只是用今天的眼光看。按照黑格尔的观点，原始艺术应该属于崇高范畴。原始艺术以图腾巫术为主要形式，与人尚未发展成熟的本质力量保持了一致。原始艺术在原始社会以巫术礼仪的形式发挥的是宗教、军事、政治、教育等多重作用，这和我们今天社会的艺术是不可同日而语的。我们只能说，随着人类的实践力量逐渐增强，原始艺术逐渐从“多重功用”中独立出来，成为审美对象之后，我们的讲述才开始产生意义。审美历史不仅包括悲和喜从非审美对象转为审美对象的历史，也包括悲和喜的审美对象不断转化为美的审美对象的历史。

矗立在金字塔旁边的狮身人面像从崇高的对象慢慢转化为壮美的对象；原始陶器上模糊怪异的人面鱼纹，青铜器上的饕餮纹，不断简化、写意化之后，我们便不再觉得怪异，而是感觉优美、古雅；月亮在原始人那里因为阴晴圆缺，而被描述为神圣和畏惧的对象，需要用各种复杂的仪式来迎接它的复圆或出现。后来月亮慢慢成为优美和诗意的代表，如“月上柳梢头，人约黄昏后”，“滟滟随波千万里，何处春江无月明”。审美对象上从痛感向快感的转化，审美历史中从悲向喜的转化，其实都表明人类对美的向往和追求是历史的必然规律，美包含了人与现实审美关系的和谐统一，所以美的艺术也是人类审美活动永恒的乡愁。

在艺术的百花园中，我们期待美、体验美，也因美而疲劳，所以艺术必然呈现给人类美的多样性。在人类历史的演进中，人与自然、与世界、与他人的关系总是处于纷繁复杂的变化之中，所以我们通过艺术去体验、去经历我们必须要理解的生活。

我们可以把凡·高的《农鞋》和罗中立的《父亲》放在一起来审视。尽管这些通常是我们认为不“美”的作品，但是站在这样的作品面前，我们常常不由得紧张和重视。因为没有外表的光华，才让人把更多的精力放在思考内在上。这样的作品所呈现的一种精神、一种令人感动和震撼的东西在我们每个人内心深处都存在着，只是它们沉入心海，因日常生活的麻木而忽略。作品中“父亲”憨厚的神情，在古铜色的外表上仿佛闪耀着一道光，一下子照亮了我们灵魂深处的幽暗，那些关于同情、关于理解、关于伤害、关于悲悯的情绪一下子被照亮、被激活。我们在黑暗中摸索，我们不确定自己看见了什么，但是我们分明看见了依照我们的理解应该如此的生活。海德格尔曾经深情地描述他对《农鞋》的感受：“从鞋具磨损的内部那黑洞洞的敞口中，凝聚着劳动步履的艰辛，这硬邦邦、沉甸甸的破旧农鞋里，聚积着那寒风料峭中迈动在一望无际的永远单调的田垄上的步履的坚韧和滞缓。鞋皮上粘着湿润而肥沃的泥土。暮色降临，这双鞋底孤零零地在田野小径上踽踽独行。在这鞋具里，回响着大地无声的召唤，显耀着大地对成熟的谷物的宁静的馈赠，表征着大地在冬闲的荒芜田野里朦胧的冬冥。这器具里浸透着对面包的稳靠性的无怨无悔的焦虑，以及那战胜了贫困的无言的喜悦，隐含着分娩阵痛时的哆嗦，死亡逼近时的颤栗。”[①] 对于《父亲》，这段话也同样适用。这个老年农民的形象，不仅是个体的写真，他同时也代表了中华民族千千万万的农民。这幅巨大写真的作品又那么形象地以个人的面容打动我们对父辈的怀念，对祖国命运的深切忧虑和对历史未来的深深思索。劳动时，“他”是米勒笔下《倚锄的男子》，送别时，“他”是朱自清笔下父亲的“背影”。他是劳动的，也是等待的，等待丰收的麦浪，等待远方的亲人。面对《农鞋》、《父亲》这样的作品，我们往往会不由自主地迷失自己，遁入一个永恒的情感家园。艺术照亮我们的生命，特别是所谓“丑”的事物让我们的心灵倍感压抑，于是我们的情绪必须被内在的力量所激活才能与之面对。在美学中，这是一种崇高的感受；在艺术中，崇高感是夹杂着痛感的快感，因为痛而感到艺术的魅力。

① 孙周兴选编：《海德格尔选集》上册，上海三联书店1996年版，第254页。

凡·高《农鞋》

罗中立《父亲》

米勒《倚锄的男子》

挪威画家爱德华·蒙克童年时父母双亡的经历在他心灵深处留下了不可磨灭的印记，这使他早年画下了许多以疾病和死亡为主题的作品。他习惯在忧郁、惊恐的精神控制下，以扭曲的线型图式表现他眼中的悲惨人生。他的绘画，对于德国表现主义艺术产生了决定性的影响，有评论家曾经指出：蒙克体现了表现主义的本质，并在表现主义被命名之前就彻底实践了它。

1890年，他开始着手创作他一生中最重要的系列作品“生命组画”。这套组画题材范围广泛，以讴歌“生命、爱情和死亡”为基本主题，采用象征和隐喻的手法，揭示了人类“世纪末”的忧虑与恐惧。蒙克在1893年所作的这幅油画《呐喊》，属于“生命组画”中的一幅，是这套组画中最为强烈和最富刺激性的一幅，也是他的重要代表作品之一。在这幅画上，蒙克以极度夸张的笔法，描绘了一个变了形的尖叫的人物形象，他把人类极端的孤独和苦闷，以及那种在无垠宇宙面前的恐惧之情，表现得淋漓尽致。蒙克自己曾叙述了这幅画的创作缘起：一天晚上我沿着小路漫步……路的一边是城市，另一边在我的下方是峡湾。我又累又病，停步朝峡湾那一边眺望，太阳正落山，云被染得红红的，像血一样。我感到一声刺耳的尖叫穿过天地间；我仿佛可以听到这一尖叫的声音。我画下了这幅画，画了那些像真的血一样的云。那些色彩在尖叫……

在这幅画上，没有任何具体物象暗示出引发这一尖叫的恐怖。画面中央的形象使人毛骨悚然。他似乎正从我们身边走过。他捂着耳朵，几乎听不见那两个远去的行人的脚步声，也看不见远方的两只小船和教堂的尖塔；否则，那紧紧缠绕他的整个孤独，或许能稍稍地得以削减。这一完全与现实隔离了的孤独者，似已被他自己内心深处极度的恐惧彻底征服。这一形象被高度地夸张了，那变形和扭曲的尖叫的面孔，完全是漫画式的。那圆睁的双眼和凹陷的脸颊，使人想到了与死亡相联系的骷髅。

在这幅画上，蒙克所用的色彩与自然保持着一定程度的关联。虽然蓝色的水、棕色的地、绿色的树以及红色的天，都被夸张得富于表现性，但并没有失去其色彩大致的真实性。全画的色彩是郁闷的：浓重的血红色悬浮在地平线上方，给人以不祥的预感。它与海面阴暗处的紫色相冲突；这一紫色因伸向远处而愈益显得阴沉。同样的紫色，重复出现在孤独者的衣服上。而他的手和头部，则留在了苍白、惨淡的棕灰色中。

画中没有一处不充满动荡感。天空与水流的扭动曲线，与桥的粗壮挺直的斜线形式鲜明对比。整个构图在旋转的动感中，充满粗犷、强烈的节奏。所有形式要素似乎都传达着那一声刺耳尖叫的声音。画家在这里可以说是以视觉的符号来传达听觉的感受，把凄惨的尖叫变成了可见的振动。由尖叫所产生的极度的内在焦虑，转化为一种令人信服的意象，欣赏者不必去问画中人有着怎样的不幸，我们就是被不幸本身所击中，在视觉和听觉两种感官层面体会恐惧和孤独。

这是一种美学范畴中的悲剧还是恐惧，还是荒诞，我们也无法清晰地界定。不管是什么，总之是人与这个世界的绝对紧张，是我们对我们无法了解的世界的理解，这是蒙克的理解，也是人类的理解，我们生来是自由的，但是无人不在枷锁之中。我们生来是为了寻找幸福，但是我们常常遭受贫穷、饥饿、恐惧、仇恨以及孤独。这种苦涩滋味常常涌上心头，所以才会“纵有千种风情，更与何人说”，所以，蒙克才会看到血红的晚霞，看到忧郁的河流，看到排山倒海的孤单一波未平，一波又起。在某种意义上，中国的苏轼有一首词，似乎与此心有戚戚焉。

蒙克《呐喊》

缺月挂疏桐，漏断人初静。

谁见幽人独往来？

缥缈孤鸿影。

惊起却回头，有恨无人省。

拣尽寒枝不肯栖，

寂寞沙洲冷。

——苏轼《卜算子》

人生在世的悲伤如何被艺术家所把握，如何给它一个合适的形式，以让所有的人理解和把握？蒙克笔下的变形人，因为这个世界的荒诞，因为恐惧、孤独而变形为骷髅般的面孔；苏轼笔下的孤鸿在寒风中惊起，不知茫茫天地间，可以栖息何处，哪里都是寒冷，哪里都是寂寞。这种追问，是人类自身的永恒追问，我为什么来到这个世界，我最终要到哪里去，我走过的生命历程意义何在？没有人回应我们，也没有人回应画中人。艺术的力量不仅在于愉悦大众，更在于引人思索，把人生中丑陋、荒诞、悲哀的一面撕开给我们看，我们在痛苦地被打倒的同时，更加努力地寻找我们生活的意义。

《呐喊》中的人是不美的，但是，当我们正视他，也正视人类自身的命运之后，我们就可以接受，以至于欣赏这种苦难，苦难也是一种生命的风景。

以上，我们从审美性的特点进入审丑性和审悲性的艺术，都是在于说明艺术风格的多样性，说明艺术表达了这个世界的多样性。当我们谈到艺术的审美性特征的时候，我们要小心这个“美”的复杂性，“美”不仅指优美，而是所有审美类型的综合。

我们去美术馆看作品，去音乐厅听音乐，去剧院看戏剧，在图书馆或家里阅读《哈姆雷特》，我们都有意无意地走进了一个不同于日常生活的另一个世界，这个世界就是“艺术世界”，并且我们明显地感觉到它不同于“生活世界”。艺术世界与生活世界的不同明显地摆在那里，比如美术馆、剧院、音乐厅的大门和围墙，比如剧院的舞台和绘画作品的画框，它们隔开了两个世界，我们都知道不把里面的东西当真，那是一个虚构的世界。被文化所武装的现代人都知道艺术是“假的”，并且艺术在虚构的同时，还要传递比较耐人寻味的意义。所以我们通常会同意艺术具有原创性、主体性、虚构性和精神性。

艺术的虚构性在于艺术家要说谎，但是要把谎说圆，艺术就是一种真实的谎言。亚里士多德早就说过：艺术家不应当按照事物本来有的样子去摹仿，而应当按照事物应该有的样子去摹仿。艺术家虚构的情景虽然没有在现实生活中出现过、发生过，但是虚构的意象并不失真实，它的真实性甚至比生活中的事实更高、更深刻。要获得这种虚构的真实，就要求艺术家有丰富的想象力，并且在自由的想象中，进行创造，这种创造无疑又会充满艺术家的主体性。比如舞蹈家杨丽萍表演的“孔雀舞”，她自由柔软的肢体让人真切地感到一只逼真的孔雀的存在。如何用人体表现动物的动作，如何传达孔雀的神韵，杨丽萍有她个人的独特想象和独特创造，因此我们从中感到令人惊艳的美。在舞蹈的瞬间，我们似乎感觉杨丽萍获得了孔雀的灵魂，她在舞蹈世界中找到了自己的精神家园和归宿，沉浸其中，不能自拔。

因为原创性和主体性，艺术的精神性才格外令人向往。优秀的艺术品总是有着深层的意蕴，只可意会，不可言传，需要欣赏者反复领会、细心感悟，用全部心灵去探究和领悟，这也是艺术作品具有不朽的艺术魅力的根本原因。艺术的精神性不仅体现在艺术作品的文化涵义和人文精神上，还表现在艺术品偶然中蕴涵着必然，在个别中包含着普通，艺术带给人哲理和诗情。比如唐代诗人陈子昂的《登幽州台歌》，全诗仅有四句：“前不见古人，后不见来者。念天地之悠悠，独怆然而泣下！”这首诗，没有描绘什么宏大的场面，也没有具体的人物形象和活动内容，却能够千古流传，主要在于它在质朴的语言和抑扬变化的音节中，展示了对人性的终极关怀。诗人站在高台之上，仿佛站在历史的十字路口，迷失在古今变化，时空流逝的短暂和有限之中。诗人的惆怅是人类永恒的惆怅，在诗歌里，诗人以艺术的形式把这一惆怅的内容讲给我们听，于是我们可以把握惆怅。可以在艺术的精神性内涵的激励之下，继续走完这注定短暂的生命历程。

但是，现代艺术，以及当代艺术，艺术的面孔逐渐变得不同。我们一直认为艺术中除了“技术”之外，必须要有观念的创造，要有思想与情操的表现。

一方面我们可以说艺术家具有情感性，艺术作品都是艺术家真情的流露。李白的诗篇，有时毫不拘束，豪放旷达，直面光阴如箭、岁月如梭：“君不见黄河之水天上来，奔流到海不复回；君不见高堂明镜悲白发，朝如青丝暮成雪……”；有时候又独自享受美丽的哀愁，以孤独为乐：“花间一壶酒，独酌无相亲，举杯邀明月，对影成三人……”

另一方面，我们认为艺术欣赏也是在动人的情感体验中获得精神的自由感和超越感。阅读经验使人们从一种日常生活的惯性、偏见和困境中解脱出来。艺术品给予人们一种对世界的全新感受。德拉克洛瓦[①]说过，“一个画面首先应该是对眼睛的一个节日”，那么一次艺术欣赏就应该是对心灵的一个节日。达·芬奇在《最后的晚餐》中描述了一个告别的场景，我们却从中体会出耶稣作为人类的救赎者的伟大和从容。善良与邪恶，恐惧与不安，在面孔与面孔之间传递，也在目光的对视中交流，每一个欣赏者站在这样的作品面前宛如经历一场灵魂的洗礼，宛如听到教堂的钟声响起，庄重而悲壮。

① 法国浪漫主义画家，代表作品有油画《自由引导人民》等。

达·芬奇《最后的晚餐》

艺术的通俗化、喜剧化

可是，当代世界的艺术景观已经表现出来许多新的面貌，我们的感觉是艺术的通俗化、喜剧化呈现为一种无法遏止的趋势。现代社会的工业化、都市化，带动了城市人口的增加，大众传播媒介使得通俗文化的流行成为可能。我们只要对中国大众文化的迅猛发展稍作反思就会发现，无论是流行歌曲还是热播的电视剧，或者是畅销小说、卡通动漫、商业大片，都与大众传播媒介密切相关。可以说，离开了大众传媒，通俗和流行便不复存在。我们曾经所指认的艺术品，也越来越多地依靠大众传媒来获取：我们看小说，我们会通过一些媒介渠道获得消息，我们会受此影响来作出选择；我们听音乐，通过电子媒介平台；我们看电影，会通过电影宣传做出选择。艺术的生产方式、传播方式、消费方式的巨大变化同时带来了艺术的市场化，于是，艺术产品，过去认为神圣不可贬低的艺术作品，被当做与其他商品无甚区别的商品，一样有了明码标价。审美的欣赏与市场交换之间有了类似的感受。这些都让艺术在人们心中的位置发生了巨大的变化，艺术的经典意义从此面临巨大威胁。

于是，我们看到的现象是喜剧性和逗乐的笑成为日常影视艺术的主导，电影演员、流行歌手成为妇孺皆知的明星，许多粗俗低级的内容进入小说、电影、电视，过去那种艺术的神圣化和生活的世俗化的界线已经不复存在了，艺术自身的规定性，比如，哲理性、精神性等因为生活题材、大众题材的进入而遭遇瓦解，世俗的生活使得艺术本身也不可避免地走向世俗。

当前最流行的所谓喜剧小品，成为大众不可或缺的娱乐内容；所谓东北风内容的、敌特题材的、婚恋题材的、古装宫廷系列的“肥皂剧”大有泛滥之势。艺术的喜剧化不仅是艺术的生产状态，也必然导致一种喜剧的生活态度和一种玩乐的生活趣味。喜剧追求的是一种能指与所指之间的游离，通过语言的混乱使用和幽默方式，将意义消解。悲剧所具有的能指与所指之间的巨大张力，以及由此而产生的震撼力，成为了大众遥远的记忆。悲剧与喜剧作为艺术的不同审美范畴，本无所谓价值的优劣，但是，艺术所应该充满的哲理、激情却因此而大打折扣。我们对艺术所怀有的那种神圣和敬畏，以及艺术带给人类的心灵解放意义都变得如此淡薄。那么这时候我们忍不住追问：艺术应该是什么样的？艺术应该具有哪些特征呢？是哪些必需的要素让我们指认艺术？

在艺术中，形象性和抽象性的融合，审美性和审悲性的共存，精神性的缺失、生活化的流行，以及如今我们不断看到的，信息技术的介入，艺术形式的非物质化、网络化，使得我们不得不说，艺术是一个复杂的体系，艺术是一个庞大的家族，艺术是一个开放的范畴。古典艺术与当代艺术之间有着巨大的差异，不同艺术门类之间也有着基于材质、形式和艺术表现视角的独特性。当我们谈论艺术的特征时，我们必须相当谨慎：什么才可以是各个艺术门类共同具有的特点呢？我们有必要重温维特根斯坦的“家族相似说”。

究竟是什么造成了家族的相似性呢？因为这些家族有共同的祖先，共同的祖先使得家族成员之间有某种共同的遗传基因，使得此家族区别于任何别的家族，并且维系着一代又一代家族成员之间的亲缘关系。由此可以推论，具有家族相似性的艺术也有同样的情况。它们必定具有某种属性，使得各个时代的艺术先后承继、延续，从而形成了艺术的历史。此时这一艺术的特征，在彼时还会出现；这一艺术门类的特点在另一艺术门类上还会存在，但是同时，这些特征也会在某些时代消失，在某些艺术门类上消失。我们面对抽象的不明所以的作品时，我们困惑，但我们认为它也算艺术，因为它可能具有情感性；当我们面对通俗影视节目时，我们也承认这是艺术，因为，我们认为这些导演、编剧应该属于艺术家的行列，这些艺术品虽然不够深刻，但是还很生动。所以艺术的特征就变成了一个需要宽容对待的问题。我们有对艺术的基本理解，同时我们也关注艺术的变化。我们不断发现艺术的新异变化，也不断反思艺术的底线。于是艺术学的理论会不断面对新的内容。

请你思考

1. 有这样的说法："建筑是凝固的音乐"，"音乐是流动的建筑"，请体会这种说法的内涵，是否可以发现建筑和音乐之间的共同性特征？

2. 关注当代艺术各个门类的发展，体会当代艺术的特点，体会当代艺术与古典艺术从内容到形式各个方面的不同。

延伸阅读

亚当斯《艺术鉴赏讲座》

以上我们曾经谈到：在艺术的特征中，形象性不是一个永恒的话题，抽象性乃至思想性和哲理性也在不断地涌现，并且尤其是现代艺术和后现代艺术中，我们常可看到一些晦涩的艺术表现。所以我推荐大家读劳丽·斯切内特·亚当斯（美）的《艺术鉴赏讲座》（时易译，上海人民美术出版社2004年版）。本书作者讲述了怎样来理解和鉴赏艺术作品，帮助读者用许多不同的方式，解释和逐步掌握风格迥异的艺术家。本书第一章：《艺术形象的吸引力》，其中专门讲述了"抽象艺术"的问题，可以让我们对刚刚讲述的话题有一个延伸的理解。

视觉艺术的作用日显重要，因为我们生活着的世界到处可见活生生的鲜明而又具体的艺术形象，它们每时每刻都在影响和吸引着我们。在这些艺术形象中，有的真实复制或再现自然世界，有的艺术形象的表现有意努力于消除自然真实的痕迹，亚当斯讲述了这样一群最具有革新精神的艺术家以及他们的被称作抽象艺术的画。以《无题》和《黑方块》为例。

俄罗斯艺术家康定斯基的《无题》既无人物也无任何东西要展示，它被公认为是第一副抽象形式的绘画。我们看到：康定斯基的画中，确实没有任何可认知的形象，但其中还是包含有离不开自然体验的元素，比如色彩，它

康定斯基《无题》

属于自然的一部分。亚当斯认为：“康定斯基的画确实有一种活力，如变化的空间、节奏以及一种自发本能的形状、明暗和多变的能吸引观者不同感受的线条和笔触的触觉肌理。”①

另一位俄罗斯艺术家马列维奇的著名的作品《黑方块》显示了这样一种理念的表达：无物体是对纯抽象的另一种解释。马列维奇保留了形状、空间、亮和暗，这些还是属于自然的一部分。亚当斯认为：“马列维奇是在寻找一种表达精神的新表现方法，这种方法不涉及人们所熟悉的物质世界。康定斯基和马列维奇这一类的艺术家，他们试图带给观者一种新的观念，即艺术应该

① 劳丽·斯切内特·亚当斯：《艺术鉴赏讲座》，时易译。上海人民美术出版社2004年版，第26页。

超越具体的形象。”①

亚当斯的思考非常耐人寻味。“抽象艺术和具象艺术都是复制自然的一种努力，这是因为：艺术的抽象只能是不完全的抽象，正如再现的自然也只能是不完全的自然。但依靠艺术家的技巧，抽象艺术和具象艺术能在不同的两个方向上更深更长地拓展我们的思维和体验。”② 抽象艺术会带给人类更多的思考，因为，当我们去接触一种我们在生活中无法邂逅的现象时，我们会开始追问这种现象的原因，并且开始更本真的思考，这种思考将更多地摒弃文化、时代、种族的差异，而回归人对自身的体认。

① 芳丽·斯切内特·亚当斯：《艺术鉴赏讲座》，时易译，上海人民美术出版社2004年版，第27页。

② 同上。

第四讲　艺术照亮生命的黑暗

——从八大山人到罗丹

通过讲述艺术的起源，我们知道人类从远古时期就由于各种各样的需要来进行艺术创作，或者说人类很早就开始用某种我们今天称之为艺术的方式来满足自己的某种愿望。这种愿望有时是表现的冲动，有时是摹仿的本能，有时是游戏的需要，有时是为了巫术礼仪的目的。同时，他们在劳动中不断协调自己的身体感觉，从劳动的节奏和动作中提炼艺术元素，从而让审美的艺术活动和实用的生产劳动慢慢走向分离。可见艺术从起源之初就是在满足人们各种各样的需要，今天我们来谈“艺术有什么用”，也是要说明艺术对人类生存的意义。比如，我们喜欢摹仿，我们看到的东西，我们要用画笔记录下来，于是绘画产生了。我们在作品中反观自身，感觉自己的本质力量的对象化，于是感到愉悦。再比如，由于生命的遭遇，我们需要用艺术的方式来表达内心的真实感受，以此宣泄和向命运抗争。这是从创作者的角度来说的。而更多的时候可能是我们作为接受者，去接受各种艺术门类的艺术品，体会艺术带给我们的关于生命的启示，从而在人生的道路上因为艺术的陪伴而得到心灵的慰藉。

所以，在“艺术有什么用”这个问题上，存在两个层面的可能：艺术家的感受和欣赏者的感受。通常的艺术概论类著作中要谈到的是我们作为欣赏者的感受，也就是我们通过艺术鉴赏活动去体会艺术的某些功能，比如：认知功能、教化功能，娱乐功能等。但是，艺术的存在价值首先应该是围绕创作者产生的，艺术家本人会以艺术的方式表达自己的某种生命感受。通过创作过程本身，艺术家可以净化生活的苦难所导致的恐惧和绝望；同时，艺术家也可以把生命中的爱情、友情、亲情用艺术的方式来表达，以期待永存。所以，人类的记忆就是一片幽蓝的夜空，是艺术作品留下点点星光，照亮人类前行的黑暗。我们仰望这满天星辰，就好像和艺术家进行心灵的交流，寻找解脱，也寻找感动。

艺术作为人类文化宝库中的珍贵财富，始终参与和推动人类文化的历史发展，同时也以独特感性的方式体现它与人类文化的关联。所以我们会看到，研究彩陶文化的历史学家离不开对彩陶艺术品的审美研究，研究青铜文化时，更离不开对青铜器审美特征及文化内涵的分析。我们研究宗教文化，就必然要接触古今中外的宗教建筑，建筑艺术本身就是宗教精神内涵的载体。我们要研究西方现代哲学，就不能不了解西方现代派艺术，象征主义、超现实主义、意识流、荒诞派等数量繁多的西方文艺流派背后是各种现代主义的哲学思潮。比如象征主义的理论基础是叔本华的主观唯心主义哲学，同时也吸收了尼采的思想。可见，艺术仿佛是一面镜子，我们从中可以看见文化、看见哲学、看见宗教、看见道德和科学。艺术对于人类的意义在于通过感性的方式反映人类与世界的深层关系，这种关系呈现在我们的面前不是理论、概念、公式和说教，而是可触可感的形象。从这个意义上，我们可以说艺术是人类永恒的精神家园。

从艺术创作主体来看，创作成为艺术家肯定自我、实现自我的方式。哲学家萨特曾经深入探究了“为什么写作”的问题。他认为：我们需要感到自己对于世界而言是本质性的。外在世界本来没有意义，只是由于人的存在才获得意义。外在世界需要在人的反映中获得存在。真正的艺术创作欲望不是强加的，而是来自内心最深处的冲动，是自己的欢乐与爱情、烦恼与孤独，是自己的一种别无选择的结果。创作主体在创作中寻求并得到了自己和世界的本质性。

歌德笔下的浮士德困守于书斋的时候，发出强烈的内心独白：如果寻找不到生命的意义就应该去寻找死亡。歌德作为艺术家正是用艺术的方式表达了自己以及人类寻找生命意义的坎坷历程。卡夫卡认为：“如果不写作，我的生命会坏得更多，并且是完全不能忍受的，必定以发疯而告终。”雨果也承认：“我写作，因而我生存。”

八大山人

我们可以举例来说明艺术对于艺术家存在的重要意义。中国我们以八大山人为代表，西方我们以罗丹为代表。

八大山人，原名朱耷，是明末清初的画家和书法家，也是清初画坛四僧[①]之一。明朝灭亡之后，他心情悲愤，落发为僧。晚年取“八大山人”号，一直用到去世。八大山人在画作上署名时，常常竖着连写。前两个字像是“哭”字，又像是“笑”字，而后两个字，则类似“之”字，于是，构成了“哭之”或“笑之”的意思，耐人寻味。为什么他要做这样的一种表示？因为他一生对明朝忠心耿耿，以明朝遗老自居，不肯融入清朝的生活。他的作品往往以象征手法抒写心中的感叹，比如画动物，常常是白眼向天，充满倔强之气。而这样的形象，也是八大山人自我心态的写照。他画山水，也多是荒寒萧疏的景致，剩山残水，让人感觉到画家内心的落寞。

单独观看一幅八大山人的作品，还不容易有强烈的感觉，如果多看几幅，就会体会出那“墨点无多泪点多”的滋味。八大山人的作品主要在于不落俗套，在不完整中求完整，通过象征寓意的手法，改变和夸大花鸟、鱼虫的本有形态，以奇特的形象和简练的造型，使观者耳目一新。

在八大山人的作品中，我们体会到了一个“简”，简练却不简单，一花、一草、一木、一石，寥寥数笔，方勾勒出轮廓，便显示出精神。每个生命都怒放在天地之间，每个不起眼的外在中都包裹着看不见的丰富内在，一朵花是一个世界，一块石头也是一个世界，一只飞鸟停留在此是一次生命的停驻，同时也是一段精彩生命的开端。是静寂，也是动的准备。生命的姿态和内在力量在不同的景物上有不同的呈现。

① 四僧指：八大山人、石涛、髡残和弘仁。

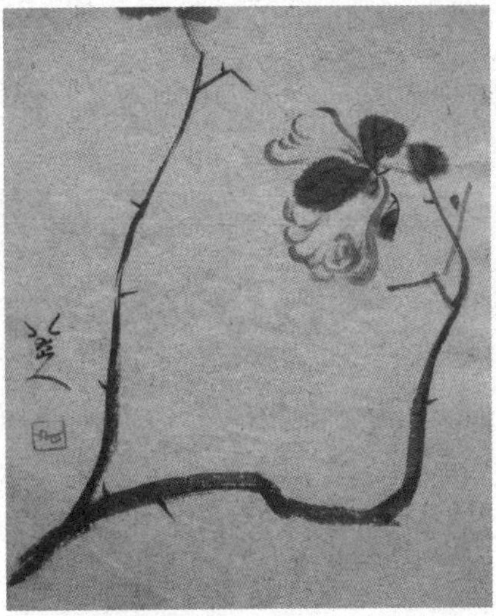

八大山人作品一

八大山人作品二

八大山人作品三

八大山人作品四

作品二，一只鸟、一段枯枝，支撑出一个小小的意象世界，于是纯自然的背景上有了心灵的投射。为什么是一只孤独的鸟？为什么是一段枯枝？为什么要停留、忧郁地凝望？这个世界还有什么希望吗？是要表露众人皆醉我独醒的孤单，还是要暗示这世界的喧嚣于我如浮云呢？八大山人采用"截枝式"的构图，让我们注视这一部分与世界割裂的生命。这些生命，比如枯枝，是高度概括的，比如鸟，又具有精致的神韵。乍看来是不顾法度的信笔狂涂，其实却是"笔不恭而心恭，笔不周而意周"。

八大山人笔下的鱼和鸟总是让人感觉冷光逼人，在作品二中，鸟的眸子点在眼眶边，白眼朝天，作品四中的游鱼仿佛被平放在案板上，没有一丝生气，只有鱼旁边的一截巨石、一枝残花，让人觉得这些鱼还处于有生命的状态，这种生命状态的描绘不在于写实而在于表现，表现画家个人的生命状态，虽然活着却是非常的愤懑。

看上去，作品三的结构稍显丰满，画面较为充实，但是，八大山人笔下的荷显然不具有"接天莲叶无穷碧，映日荷花别样红"的风姿，而是只重姿态，只重视描写荷花、荷叶临风摇曳、舒转自如的风姿。这样一枝独秀的风姿是八大山人清高、孤傲的写照。

驿外断桥边，寂寞开无主。

已是黄昏独自愁，更著风和雨。

无意苦争春，一任群芳妒。

零落成泥碾作尘，只有香如故。

——陆游《卜算子》

陆游的诗句表面看是来咏梅，实际上是对一个高洁心灵的歌颂，这种歌颂适合于一切怀才不遇，在不合时宜的时代，上下而求索的人，八大山人也应该是这其中的一员。八大山人让出淤泥而不染的荷花，一枝独放，也是委婉地表达自我在风雨交加的时代依旧孤傲不群、愤世嫉俗的生命主张。

八大山人为什么要创作？是告诉我们山石、花鸟可以有这样一种画法吗？还是要用奇怪的画风来带来画坛的革新呢？当然都不是。八大山人生活的时代，是不能表达自我真情实感的时代。一个自由的灵魂需要恣肆的生命状态，而艺术是一个可以随身携带的精神家园，在艺术世界里，八大山人书写他对生命的理解、对时代的忧愤、对个性的张扬、对理想的向往……绘画对于八大山人来说，是一种倾诉，一种宣泄，一种痛苦心灵的净化。八大山人寄情于绘画，表达他对旧王朝的眷恋，尽管他自己没有说，但是让笔下的山石、花鸟去诉说。八大山人的忧伤就是那白眼向天的鱼和鸟的忧伤："物犹如此，人何以堪？"八大山人在艺术中延续他现实的生命。生命因此才有了意义。

罗丹

罗丹是大家都很熟悉的法国雕塑家，对于现代人来说，他是古典主义时期的最后一位雕塑家，也是现代主义时期的第一位雕塑家。罗丹用他在古典主义时期锻炼得成熟而有力的大手，用他不为传统束缚的创新精神，为新时代打开了现代雕塑的大门。罗丹坚信：艺术即情感。罗丹的全部作品都证明了这一观点，都深刻地揭示了人类的丰富情感。不管是美的主题还是悲的主题，罗丹都试图揭示人类的博大精深的品格。从《加莱义民》到《老妓》，从《思》到《吻》，每一件雕塑都是罗丹对人生意义的感性揭示。

罗丹的作品要求陈列在室内，要我们走近，细看每一细节的起伏，玩味每一细节所含藏的意义。像《加莱义民》，本是一座纪念碑，罗丹却反对放置在高的基座上，他说要使观者感到这悲壮的事件，就发生在我们之间，我们看到那些面孔、手、臂膀，就像看到朋友、亲人的面孔、手、臂膀。那些锁紧的眉头连接着我们内心的痛苦，那些颤抖的手让我们感觉绝望和恐惧，我们走进这些"义民"身旁，就好像走进一个个心灵的世界，看到人类灵魂深处的挣扎。罗丹要我们看到每一个人的内心的悲剧。加莱义民，这些衣衫褴褛，走在死亡之路的男子，他们有的茫然地望着远方，思维已经停顿，肉体的死亡也是精神的枯萎；有的抱住头颅，不忍看这个曾经鲜活的世界，因为，即将阴阳两隔；还有的分明是充满了恐惧，后悔加入了义士的行列。在死亡面前，我们何以求全责备呢？即使你的心灵愿意，但是你的肉体可能软弱了。在生与死的考验面前，每个人都是弱者，因为我们无法重新再活一次，我们来到这个世界上，还有太多的幸福没有体验，太多的风景没有观赏，而如今，命运让我们猝然走上了不归路，我们怎能不眷恋和徘徊？罗丹敢于正视人性的复杂性，也敢于把这些软弱的

罗丹《加莱义民》

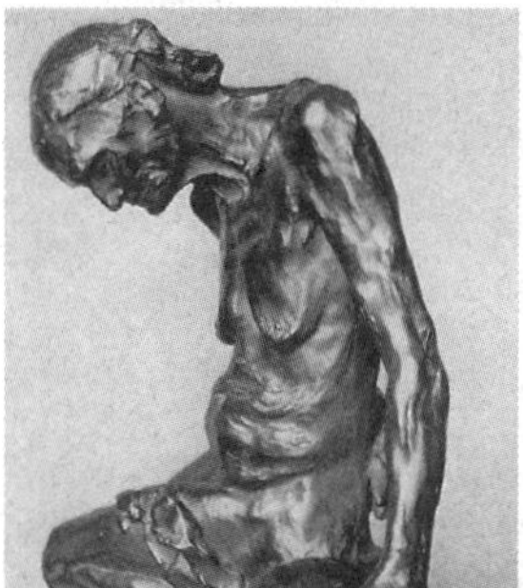

罗丹《老妓》

罗丹《思》

罗丹《吻》

和绝望的一面呈现给大家看。

罗丹在遗嘱中写着："对艺术家来说，一切都是美的，因为对于一切存在，一切事物，他的深刻的眼光都能把握'特征'，也就是把握从形象透露出来的内在的真理。这真理就是美。虔诚地学习，你不会找不到美的，因为你将找到真。"[①]真实的就是美的，因为我们从中看到生活本身，也看到依照我们的理解应该如此的生活。

罗丹说过："自然中被认为丑的，往往比被认为美的更能显现它们的'特征'，在艺术中，只有那些没有'特征'的，也就是说不能显示外部的和内在的真实的作品，才是丑的。"[②]而《老妓》显然是一个颇具"特征"的作品。一个让人不敢正视，即使正视了，内心也很纠结的作品。

中国人对于女性美的理解，其实一直有一种倾向，那就是对年轻女子的歌颂，由年轻女子到处女情节，好像离开了这样的界定，女性美就走上了凋零与枯竭的境地。所以枯萎衰颓的老妇就实在是丑陋的化身。这样一种女性美的观念在中国传统的仕女图中被表现出来，就是林妹妹型的瘦弱、苍白、清秀和婉约，所以受西方影响的批评家纷纷批评中国仕女画的人物只有衣服，没有肉体，衣服里面只有一缕诗魂。以这样的观念欣赏西方的裸体绘画和造像，便常常觉得有肥腻，乃至色情的感受。然而，我们看到的是"老妓"这样枯瘦的身体，肌肉大面积地松弛，皮肤粗糙老化，筋脉裸露着，人生的悲哀在肉体上无遮拦地显露，可以想见，这样的肉体对抗的不只是饥饿、劳顿，还有精神的孤单、尊严的缺失、未来的迷茫和死亡的逼近。

透过一个裸露的身体，我们可以看见肉感、温暖和情爱，也可以看见生命的倔强、悲壮和苦涩惨淡。《老妓》让我们看见微弱的生命力量与强大死亡的抗争，我们读出了关于肉体的历史和神话，裸露的身体更明晰地表现生命的底蕴和意义。因为在这里我们看不到人种、看不到文明、看不到符号，我们看到的是衰老的必然来临，和人生在世无法挽回的悲哀。其实，面对

① 熊秉明《熊秉明美术随笔》，人民文学出版社2008年版，第16页。

② 同上，第17页。

这样的场景，我们甚至没有太多精力去控诉社会的罪恶，因为，我们知道人本身，也不能青春永驻，而是必然有衰老，有丑陋，只是，老妓的身体语言诉说着一种莫名的悲剧，这种悲剧不仅是岁月无情的结果，还有人世无常的必然。我们可以想见那些个夜夜笙歌的夜晚，那些个烟草的、香水的味道，那些口红的艳丽和妆容的精致，还有等待，还有遗弃，还有顾影自怜。如果让我们听到声音，那该是夸张的语调，该是默默的哭泣，该是没有眼泪之后的喃喃自语。

罗丹说希腊雕刻要捕捉的是有血有肉的生命。《罗丹对话》的第三章有一段描写他如何在夜里点起一只烛，用烛火照明希腊雕像，让葛塞尔欣赏雕像的真实感。

“好好仔细看！”

同时，他缓缓地转动放置着维纳斯的底盘，在转动中，我继续注意到在腹部的总形中有大群细微的起伏，乍看，形体似乎是很简单的，而实际上有无比的复杂。

我把我的观察告诉雕刻家。

他点头微笑。

“能不是奇妙的吗？”他一再说，“你一定同意不曾料到会发现这么多细节……瞧，从腹部到腿部这一带无数起伏的波浪，玩味腰际肉感的收束……现在，那儿……后腰一带，这许多动人的肉涡。”

他的声音很低，带着热烈的诚恪，他俯身向这大理石，好像爱上了它。

“这是真的肉体。”他说。

精神焕发地，他又加上：

“人会以为这是以吻和爱抚塑造出来的！”突然，他用一只手抚摩着雕像的腰侧：

“触摩这石躯，人几乎要觉出温暖来。”[①]

① 熊秉明：《熊秉明美术随笔》，人民文学出版社2008年版，第37页。

罗丹描写维纳斯还说过：

这躯体的含原动力的侧线帮助我们了解，启示给我们世界上的比例。奇迹是：这些侧线的总和，在纵、横、深的三度中，以不可知的魔术，表现了人类的灵魂及其狂情，表现了一切事物底层的本质性格。①

罗丹的感受和表现比一般雕刻家深刻，因为它的感受和表现不限于感性层次。他有一种哲学需求，一种虔诚热烈的宗教情操，对大自然、对人，有一种广大的神秘感，当时的文学家米尔波说：

他永远接近生命，在生命中，在生命的战栗中，即使他似乎超越于生命之上。他在梦中。我们的不安、颓丧、兴奋、英雄气概、热狂、情欲，他都移译出来，表现出来，比一个诗人更充分，比文字更好：以形象。②

罗丹对维纳斯的爱，凝结成罗丹对女性的关注，也在表现情爱主题的雕塑上有所显示。罗丹的《吻》以及很多情爱题材的雕塑中都有女雕塑家克劳岱尔的影子。

她是罗丹生命里的第三个女人，也是他深深热恋的情人。罗丹的雕刻作品中，很多女性形象是以夫人罗斯为模特儿的，但那些扣人心弦的以爱情为题材的作品，大多却是他和克劳岱尔的爱情结晶，是以克劳岱尔为模特儿雕刻而成的。

克劳岱尔以19岁的青春年华，撞进罗丹的生命，撞进他的灵魂深处，从此她把自己的一生都献给了罗丹。他们在一起度过了15年，这15年里，她是罗丹的助手、弟子、模特儿，是他最默契的合作者，更是他热恋的爱人。她不但以横溢的才情给罗丹艺术创作上的支持和帮

①② 熊秉明：《熊秉明美术随笔》，人民文学出版社2008年版，第57页。

克劳岱尔（公元1864年—1943年）

助，而且以她真挚热烈富于激情的爱，点燃了罗丹的创作火花，赋予他无穷的创作灵感。

克劳岱尔和罗丹的爱情，是两个灵魂的碰撞和交融，灵魂深处的猛烈撞击留下了永久的烙印，罗丹终其一生都在爱着克劳岱尔。她和罗丹那一份惊世骇俗的爱，本来也如人世间所有的爱情一样，是稍纵即逝的过眼云烟，但是，作为艺术家的罗丹却是要让生命和爱情的火焰不只燃烧在现实里，也要燃烧在艺术里。经由大师之手，经由大师心灵的精雕细刻，这一段爱情物化为一件件永恒的艺术品。《吻》、《永恒的春天》等至今仍在绽放着爱的青春的光芒，标榜着爱的青春偶像。

《吻》强调了男女裸体追求青春与欢乐的爱情生活，毫无猥琐与卑下的情调。这一类创作只有对生活进行深刻洞察的艺术家才敢于完美地去表现。在这一点上，罗丹是充满信心的，他曾公开表示假如真理不该毁灭，那么他的雕像终将立于不败之地。《吻》是人类原欲的艺术表现，是自然的生命和伟大的人性的共鸣。其实这里不仅有身体质感的体验，也有感情的形式化所带来的激情。如何让我们看到人生的意义，除了死亡和衰老之外，罗丹还让我们看到人生那些温柔的瞬间，那些用爱和抚摸所雕塑的带有体温的肉体。

《思》是一个极简洁的作品，也是以克劳岱尔为原型而创作的。因为简洁，我们更能体会作品的精神意蕴，而不是流连在雕塑的肉体肌理上。一个女性的头像，一个美丽的女性，一个忧郁的女性，一个思考的女性，她会思考些什么？她的头发被包裹着，我们甚至不能通过发丝的飘动去窥探她心灵的秘密。她眼帘低垂，她的眼里没有世界，只有自己，只有自己的爱和恨，自己的现在和未来。她是无奈的，因为她做不了自己生命的主人。可以说这是敏感的罗丹对克劳岱尔的心灵写照，也是罗丹对所有青春年少，在爱与不爱之间徘徊的女性的写照。她们终究要做了这个世界的弱者，她们愿意拥有一段靠得住的婚姻，愿意在心爱的人面前低头，低到泥土里，慢慢地开出花来，朵朵都是前世的盼望，求得今生今世可以与你结一段尘缘。罗丹是敏感的，也充满了无奈，在妻子与情人之间必须做出选择。《思》中既表现了克劳岱尔的思考，也是罗丹自己思考的显现。

生命的冲动和艺术的冲动都是无法抑制的，罗丹对人性的理解，对女性的领悟，对爱情的一往情深，让他的每一件作品都熠熠生辉。

艺术史是哲学史、宗教史

艺术家用艺术的方式书写生命，他们把世界、历史、人生以各种各样的风格和形式揭示给我们看。于是，我们看到了历史的繁华与衰败，看到了爱情的甜蜜与哀伤，看到了人与人之间的亲情与仇视，看到了天体自然的奥秘。艺术像一本大书，我们翻开它，翻开的不仅是形象的世界，不仅是色彩的花园，不仅是优美的语言和离奇的故事，还是一部风趣的哲学史，一部审美的宗教史，一部戏剧化的道德教科书。这部书不讲逻辑、概念和推理，不讲禁欲、赎罪和忏悔，也不像思想道德修养教材一样告诉我们如何做一个标准的时代青年。

当一件件艺术作品摆在我们面前的时候，我们作为艺术的接受者坦然地迎接这个世界的馈赠，同时我们也在艺术中理解着社会、历史、人生，憧憬着彼岸世界的自由和解放，因为艺术的共鸣，而欢笑、流泪，情感悄悄地接受净化。

早在先秦时期，孔子就讲过：《诗》，可以兴，可以观，可以群，可以怨。我们可以从《诗经》推而广之到艺术，艺术也具有这样的作用。艺术让人兴奋，让人的心灵受到感染，从而舒缓紧张压抑的生命状态；艺术让人体会社会人生冷暖，观古今中外风俗之盛衰；艺术让个体的人感觉在这个世界不再孤单。我们一起欢呼、一起喝彩，一起为艺术的情节而感动，从而觉得在这个世界上人与人可以通过一条看不见的纽带联系在一起。我们处在世界不同的角落，我们处在不同的时间历史，但是我们都因为李白、杜甫的作品而感动，都因为《命运交响曲》、《莫斯科郊外的晚上》而心旌摇荡，我们因为艺术而觉得彼此不再陌生。同时，艺术让我们认识人生中的狂风冷雨，我们可以“怨”，以艺术的方式表达“怨恨”和理解“怨恨”，而怨恨本身，因为人类以艺术的形式来把握它，而变成一种情感的宣泄。真实人生的苦痛，因为艺术的存在，而成为美丽的哀愁。

哲学代表着人类理性认识的最高形式，哲学回答人类关于普遍性问题的追问，所以，通常人们谈到哲学总有一种距离感，认为哲学是一种曲高和寡的学问。其实哲学与人们的现实生活也可以相当密切，你会在有意无意之间进行哲学的思考，却不自知。我们不断看到和听到，在今天经济繁荣、科技发达的时代，人们一方面忙碌在各自的生存轨道上，另一方面也常常觉得烦、无聊和焦虑，时常追问：人活着为了什么？为什么每天疲于奔命？这样生活的意义是什么？人生该如何度过？其实，这都表明，生活在现实世界的你、我、他，大都也会做哲学的思考。

20世纪80年代，周国平主编了一部很有影响的著作，叫做《诗人哲学家》，从这部书的名字上就可以初步感觉哲学与艺术的重要关联。在这本书的前言中，周国平写道：

从源头上看，哲学和诗本是一体，都孕育于神话的怀抱。神话是原始人类对于人生意义的一幅形象的图解。后来，哲学和诗渐渐分离了，但是犹如同卵孪生子一样，它们在精神气质上仍然酷似。诚然，有些诗人与哲学无缘，有些哲学家与诗无缘。然而，没有哲学的眼光和深度，一个诗人只能是吟花咏月、顾影自怜的浅薄文人。没有诗的激情和灵性，一个哲学家只能是从事逻辑推理的思维机器。大哲学家与大诗人往往心灵相通，他们受同一种痛苦驱逼，寻求着同一个谜的谜底。庄子、柏拉图、卢梭、尼采的哲学著作放射着经久不散的诗的光辉，在屈

卡夫卡（公元1883年—1924年）

原、李白、苏轼、但丁、莎士比亚、歌德的诗篇里回荡着千古不衰的哲学叹喟。[①]

在这些艺术家兼哲学家的巨大人群中，有一个叫卡夫卡的人，可以作为我们深入了解的对象。我们看看卡夫卡这个人，读一读他的作品，我们会通过艺术了解卡夫卡的人生哲学感受，同时我们自身也会在这种生命哲学的感性阅读中对社会、人生有新的领悟。

卡夫卡是奥地利的小说家，文笔明净而且想象奇诡。他几乎用一个精神病患者的眼睛去看世界，同时观察自我、怀疑自我，因此他的艺术世界显得复杂、深邃和神秘莫测。他生前在德语文坛

① 周国平主编：《诗人哲学家》，上海人民出版社1987年版，第5页。

「卡夫卡《变形记》

几乎鲜为人知，但在死后却引起了世人广泛的注意，被誉为西方现代派文学的主要奠基人之一。

卡夫卡的作品《变形记》就是这样一个耐人寻味的作品。这部小说描写一个推销员一觉醒来，发现自己变成了甲虫，尽管他还有人的情感和心理，但是虫的外形使他逐渐化为异类，变形后被世界的遗弃使他的心情极度悲凉。他三次努力试图与亲人以及外界交流失败后，等待他的只有死亡。而他死亡之后，亲人如释重负地开始了快乐的生活。

我们可以从多个角度和层面来思考这部作品。首先，卡夫卡揭示了人与人之间，包括伦常之间表面亲亲热热，内心里却是极为陌生和孤独的实质。之所以亲亲热热，因为互相有共同的利害关系维系着，一旦变形为甲虫，割断这种关系，那种亲热的外观马上就消失而暴露出冷酷和冷漠的真相。特别是作为一只甲虫，不会说话、没有表情，他的孤独就显得更加凄凉。

其次，我们可以把人的变形看成一种象征，一切倒霉人的象征。人一旦遭遇不幸，他就不再被社会承认，从而失去作为人的价值的“自我”，成为无异于低等动物的“非人”。在人与人之间还没有取得和谐关系的世界里，人们常常经历今非昔比、每况愈下的境况。为什么会这样？没有什么可以推理的必然逻辑，一个偶在的个体生命，其命运就是如此地充满了偶然性、荒谬性，其人生悲剧就是如此不可预料、不可逃避，更无从知晓如何积极地面对。

一个精彩的故事、一段离奇的经历，荒唐却没有笑声，有的只是一种彻骨的寒冷。也许有一天，我们变成一只甲虫，我们怎么办？我们从卡夫卡的小说中读出了朴素的人生哲学感悟。哲学的基本问题就是“存在”，为什么存在？如何存在？存在的意义常常就是哲学的主题。卡夫卡以一个“甲虫”的生命历程讲述了一段关于存在的故事。我们在这个世界上如何存在？我们的奋斗、拼搏有意义吗？卡夫卡为了让我们看到面纱背后的世界，把描写的客观对象加以“陌生化”的处理，从而引起你的惊异，迫使你从另一个角度去探悉一个事物的本质。虽然违背客观事物的表面真实，但是并不违背客观事物的内在逻辑。这是小说，是故事，也是哲学，每一个读者掩卷思之，都会有对个人命运的隐忧，只是这种隐忧不只指向家庭这个小的群体，它还指向我们对社会、国家、历史人生的理解。人生来是自由的，但是又永远处在枷锁之中。人总会处在一种这样或那样温情脉脉的关系中，来自亲情、来自爱情、来自友情，但是，当有一天，我们不再受这些关系的庇护了，人类如何追求自身的完善？这是一个永恒之谜。哲学家一代一代不断地追问，不断地回答，艺术家一代一代不断地以画面、以形象来表现，也是一种回答。

讲完了卡夫卡的故事和卡夫卡的哲学，我们换一个轻松的话题，虽然它也与哲学有关。

喜欢摇滚乐的中国青年，大概都记得崔健这个名字，也大概都知道有一首歌叫《一无所有》。这是经历过20世纪80年代的中国青年的集体记忆。

我们想象这样一个场景：一个身穿绿军装，头发蓬松凌乱，手里弹着吉他的歌手用一块红布蒙着眼睛，在电子音乐庄严的伴奏下，用苍凉沙哑的声音，伤感地唱出了这首《一无所有》，而台下，成千上万个歌迷，挥舞着双手，满含热泪。

这个歌手就是崔健，是他发出了“一无所有”的呐喊，同时他也承袭了西方摇滚乐的精神实质，张扬音乐和文化上的反叛意识。

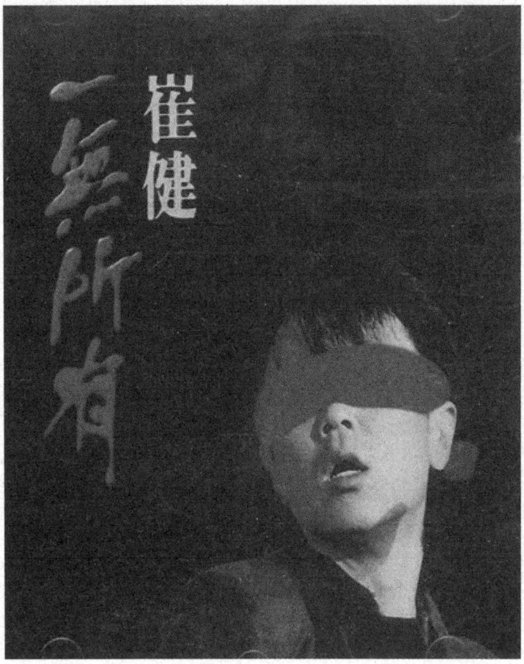

」崔健《一无所有》

我曾经问个不休 你何时跟我走

可你却总是笑我一无所有

我要给你我的追求 还有我的自由

可你却总是笑我一无所有

噢…… 你何时跟我走

脚下的地在走 身边的水在流

可你却总是笑我一无所有

为何你总笑个没够 为何我总要追求

难道在你面前 我永远是一无所有

告诉你我等了很久 告诉你我最后的要求

邓丽君（公元1953年—1995年）

我要抓起你的双手 你这就跟我走

这时你的手在颤抖 这时你的泪在流

莫非你是正在告诉我 你爱我一无所有

噢…… 你这就跟我走

——《一无所有》

20世纪80年代初，流行于中国乐坛的是以邓丽君为代表的港台歌曲，这种流行音乐较之以往的革命歌曲，当然可以迎合刚刚复苏的大众的自由审美意识。但是这种廉价的感情，这种《甜蜜蜜》、《美酒加咖啡》、《何日君再来》的缠绵并不能抚平“文化大革命”后青年人的心灵伤痕，他们期待着一种形而上的丰富而深刻的启蒙。于是，崔健的《一无所有》喊出了一代人的声音，“一无所有”可以用来形容80年代中期，青年人精神上和物质上的双重贫困。虽然一无所有，但是还有理想，还有追求，还有自由的渴望。这种嘶哑的声音、苍凉的旋律不仅触动了人性深处的理想主义情怀，而且许诺了一种强大的精神抚慰。

80年代的中国，处在一个变革的年代，文化的变革需要新鲜的气息，以摇滚乐为旗帜的先锋文化首先开始了文化的变革和反叛。任何新鲜事物在最初的时候都是不完美的，也都是掺杂了各种各样的痛苦、失落、徘徊和彷徨的。摇滚歌手和摇滚乐队在80年代以令人目不暇接的速度变幻和组合，我们时至今日也还能记得他们的名字和组合，但是，由于摇滚以一种先锋的姿态表现心灵诉求，大众对他们的评判也常带有情绪和冲动。摇滚似乎是以一种极端的方式呈现心灵的处境，因而，能够点燃一定时期人们心中的压抑已久的火花。但是，当物质的贫困不再困扰国人之后，当艺术的市场化成为无可挽回的格局之后，摇滚，这种具有批判精神和反叛精神的艺术也会无可奈何地走向边缘。

从《一无所有》开始的摇滚传唱到摇滚精神的失落，见证了一代人的心灵变化。从精神的彷徨、苦闷，对理想、自由的追求到精神的随波逐流，又到现实追求的疲惫，以至于消费文化和流行音乐取代人们的形而上追求，摇滚乐以一种艺术的方式介入了中国80年代至今的民众心灵的变化历程。从理想主义到多元文化，从形而上启蒙，到娱乐至死，一代人的生命哲学、一代人的存在追问，从强烈、清晰到具体而现实。哲学的深味，我们可以在艺术中细细品味。

对于大部分国人来说，宗教是一个陌生的话题，因为通常我们说中国文化中欠缺宗教意识。而在宗教意识浓郁的西方世界，从建筑、雕塑、绘画到音乐、文学等，每一种艺术门类中都有着强烈的宗教底蕴。宗教艺术是一种纪念性的艺术，是以艺术的方式来建构精神支柱。

我们知道西方的建筑史，几乎等于宗教史。在西方的历史上，自古希腊，经过欧洲文化萌芽期到19世纪，重要的建筑几乎都是寺庙和教堂。在西方人的生活中，现世是一个赎罪的过程，彼岸世界才是最终的理想归宿，崇拜神、向往神的荣耀，是集体的无意识。中世纪的石头造的大教堂，在今天看来，也是技术上的奇迹。修建这些教堂，常常需要经过百年上下的努力，耗费大量人力、物力。近代之前，西方最辉煌的建筑大多是宗教建筑，也就是常说的上帝在人间的居所。

教堂作为宗教艺术的辉煌呈现，不仅在外观，而且在细枝末节都体现出了西方文化的宗教关怀。西方教堂的基本形式就是一个长方形的厅堂，入口在长方形的短的一边，距离神龛非常遥远。教堂建筑的空间阴暗而神秘，走进教堂的人们心中往往充满恐惧和痛苦的思想。西方人在宗教建筑上竭尽心智创造一种令人类感到自身卑微弱小的空间，以便虔诚地匍匐在上帝的面前。他们的教堂最早是坐西向东，后来是坐东向西，其目的在于捕捉早晨与黄昏光线变化的神秘感。“光”是基督教美学的一个重要概念，上帝通过光把世界从黑暗混沌引向光明和秩序，所以教堂中必须以现世的黑暗来显示上帝之光的荣耀。丹纳这样描述到：

巴黎圣母院外景之一

巴黎圣母院外景之二

巴黎圣母院入口细节

巴黎圣母院玫瑰花窗

比萨大教堂拱门石雕

比萨大教堂外墙石雕

受不了白日的明朗与美丽的风光，他们不让明亮与健康的日光射进屋子。教堂内部罩着一片冰冷惨淡的阴影，只有从彩色玻璃中透入的光线变做血红的颜色，变做紫云英与黄玉的华彩，成为一团珠光宝气的神秘的火焰，奇异的照明，好像开向天国的窗户。[①]

教堂建筑追求庞大，尖顶直插云霄，钟楼仰天巍立，但是细节上又精巧到极点，都为通向上帝的荣光而设计——红绿相映的玫瑰花窗、弯曲交错的窗格、挑绣的花边，复杂的盘花和树叶性的装饰。教堂以整体的庞大与细节的繁复震动人心。目的显然是要造成一种异乎寻常的刺激，令人惊奇赞叹，目眩神迷。这种宗教建筑以艺术的形式表现并证实了强大的精神苦闷，这种波澜壮阔的苦闷愈加凸显了上帝的崇高，从而，让人们一置身教堂就可体验到那种对上帝的臣服。

宗教情怀在建筑上表现出永恒感的追求，这就是所谓的纪念意义。为了纪念所以要把生命雕刻在建筑物上，所以做这件事可以不计成本、不计时间，用最坚固的材料，刻画最细致的纹样，建造永恒的殿堂，求得千秋万代的流传。欧洲的教堂建造时常要花几代人的时间，这种投入了众多生命的建筑自然给人超世的悲壮之感。

西方的宗教精神是一种执著的牺牲精神，在处事的态度上则表现为一丝不苟。这种严谨的精神恰好在建筑艺术上得到了体现。公元前5世纪雅典的帕特农神庙，在建筑上所下的精准功夫，甚至达到了眼睛不可觉察的程度。为了从视觉上感到柱式的匀整，必须让柱子本身的粗细有微妙的变化。其构造的严格，石刻线条的曲率，条石块之间的无灰浆连接，各柱头雕刻间的完全一致，即使今天的技术也难以做到。这种投注生命、表里如一的执著精神，才能蕴涵宗教的种子。

① 丹纳：《艺术哲学》傅雷译，人民文学出版社1963年版，第52页。

「帕特农神庙

艺术中的道德诉求

艺术中常会蕴涵道德诉求，这种诉求一方面表现在艺术高扬真、善、美，鞭挞假、恶、丑，另一方面也表现在一定的时代，艺术总是某种价值观的直接体现或间接体现。中国人常说的“文以载道”也包含了艺术要承载某种正统思想的意思。这种“正统”思想，往往成为一定时代的道德指南。

我们都反对那些赤裸裸的道德说教的艺术，反对把宣传口号式的语言、图画拙劣地嵌进艺术中。我们更向往以自然的艺术语言讲故事，同时潜移默化地产生审美的教育作用。我们更向往那些令人怦然心动的、具有普世价值的人类情感自然而然地流露在艺术作品中，如春雨一般，随风潜入夜，润物细无声。

传统时代的中国百姓，很多人没有机会受到正规的知识教育，但是，受到戏曲等传统艺术的熏陶，忠孝节义、言而有信、舍生取义、从一而终、恶有恶报、善有善报等思想道德观念却是深入人心。今天，我们常常批判这其中的愚忠思想，为封建统治服务；批判其中的贞节观念压抑人性；甚至也常觉得有些想法迂腐、保守。可是，就是这些基本的道德启蒙，这些在戏文、唱词间流露的思想也成为道德养成的重要渠道，形成传统时代人们的行为准则。其实，在今天这个时代，艺术要担当教育的责任，最重要的是在作品中体现普世的价值观和道德感，它能穿越国界、战胜时间。经典的艺术跨越历史的岁月依旧能够令人心驰神往，就在于它表现了人类普遍的道德诉求，而不是一个时代的、一个团体的、一小部分人的意图或行为规范。

中国传统戏曲的优秀作品《窦娥冤》，是元代杂剧家关汉卿的著名悲剧作品。该剧讲述了窦娥一生的悲惨遭遇，她幼年时因为家贫被卖给蔡家做童养媳，婚后丈夫夭亡，婆媳相依为命。蔡婆因向赛卢医索债险些被害，恰好被张驴儿父子救下，恶棍张驴儿父子想霸占婆媳二人，窦娥执意不从。张驴儿在汤里放了毒药想害死蔡婆，不料被其父喝下身亡。张驴儿转而诬告窦娥，官府严刑逼供婆媳二人，窦娥不忍婆婆受酷刑，屈打成招，被判斩刑。窦娥死前发出三桩誓愿：血溅三尺，六月降雪，三年大旱。窦娥屈死，感动天地，三桩誓愿一一应验。三年后窦娥的父亲金榜题名为官，窦娥冤魂托梦给父亲，其父杀了张驴儿，窦娥冤情得以昭雪。

其实类似的故事，在中国古典戏剧的舞台上有许多次的呈现。弱女子、冤情、地痞流氓、贪官、贿赂、老天显灵、屈打成招等常常是艺术的主题。欣赏这样的作品，其实最正常的结果就是眼含热泪。爱与善良作为人类永恒的道德诉求，在任何时空都不会黯淡无光。心灵固然向往坚强，但是肉体也会软弱。艺术最伟大的力量有时就在于激起人内心的颤抖，心痛之后的唏嘘叹喟，泣不成声。在这样的艺术品面前，人们懂得了做人的基本道理，那就是公正、诚实、善良，这是比任何道德法规都有力量的情感武器。

艺术究竟可以带给我们什么？无法表述得很具体，甚至当我们说清楚了的时候，也便失去了艺术的味道。所以有时说语言是苍白无力的。艺术要给人类某种道德启示，也不是具体明晰的。《俄狄浦斯》、《罗密欧与朱丽叶》、《红楼梦》等能像道德法规一样具体指导我们的生活吗？答案当然是否定的。但是我们在这样的艺术作品中体会并经历了真切的人类情感，我们变得丰富、感性、坚强且富于同情心。这些是道德的内容，同时也是道德难以概括的。

艺术照亮生命的黑暗，也荡涤生命的尘埃。

请你思考

1. 卞之琳有一首诗，叫《断章》，只有四句话：

你站在桥上看风景，

看风景的人在楼上看你。

明月装饰了你的窗子，

你装饰了别人的梦。

请体会这首诗内蕴的哲学思考。

2. 我们观看西方的哥特式教堂，会体会出其中浓重的宗教氛围。中国也有佛教建筑和道教建筑，但是，进入庙宇或道观，我们却感觉不到特别的森严和神秘，请思考这其中的原因。

延伸阅读

熊秉明《熊秉明美术随笔》

佛像艺术，对不少人来说都是一个相当遥远和陌生的题目。我们每有时间去远足，也曾游过些古寺，听到过钟声，闻到过香火，凝视过大佛，但是佛像本身有什么艺术价值呢？我们如何看，如何在与大佛的对视中了悟些什么呢？通过下面熊秉明先生的讲解，希望帮助大家走进佛像的世界。

熊秉明先生告诉我们，要欣赏佛像首先要有三点准备：一是排除宗教成见，把佛像放在艺术的殿堂里进行欣赏；二是要排除写实主义的艺术成见；三是要时刻记得这是一尊佛，佛像不能表达人间性，而要表达不生不灭、圆满自足的佛性。

从这样的精神准备出发，我们就可以走向佛像了。熊秉明说“佛的形象虽然从人的形象转化而来，但人的面貌经过锤铸，升华，观念化，变成知性的秩

序，眉额已不似眉额，鼻准已不似鼻准……眉额趋向抛物线的轨迹，鼻净趋近立方体的整净……每一个面的回转都有饱满的表面张力，每一条线的游走顿挫都含几何比例的节奏……其整体形成一座巍然完美和谐的营造，打动我们的心灵。”[①]佛像艺术用一个具体的形象烘托出一个井然明朗的精神世界。当

① 熊秉明：《熊秉明美术随笔》，人民文学出版社2008年版，第82页。

我们的视觉观赏一个完美的造型秩序时，我们的知性也同时得到满足，这应该是一件“此中有真意，欲辨已忘言”的事。我们看到的是金与石的身体，我们感受到的却是一个沉重而轻灵的灵魂。

“佛禅定于物质中。岩石与青铜一旦变成哲学，粗糙的石面、光泽的铜色都变得更坚，同时变得更灵。大匠并不试着伪造肉的假象，相反，他把朝露的生命固定于钻石。他在金与石中唤醒生命，那是金与石自身的微笑。”[①] 在熊秉明看来，佛像有如金刚，永固不坏，但是同时又有一种内在的微妙的生命的隐隐脉动，有芙蓉的脆弱与灵气，“佛”比“人”更坚硬，也更虚灵；更属于物质，也更接近精神。在佛像中，“永恒”与“生命”两个不可沟通的观念紧密交融。

熊秉明既是雕塑家，也是雕塑的鉴赏家，他的艺术感与诗性气质帮助我们把这神秘的佛像看得更真切，了解得更深入，让我们每一次围绕佛寺的旅行，都有了别样的感受。佛像，不是一个具象的人像，而是一种永恒精神的表达.

熊秉明不仅善于解读佛像，而且对绘画、诗歌、书法等都有令人惊喜的描述。宗璞说过：熊秉明的书会永远留在读者的灵魂中，“印在那里，化在那里，亮在那里。在人生的行程中，若想活得明白些，活得美些，都应该读一读熊秉明。”[②] 所以我真诚推荐大家读一读这本书：熊秉明《熊秉明美术随笔》，人民文学出版社2008年版。

① 熊秉明：《熊秉明美术随笔》，人民文学出版社2008年版，第82页。

② 同上，封底。

第五讲　衣带渐宽终不悔

——走向自由的创作

每一个在艺术的世界里走走停停的艺术家，都经历过“衣带渐宽终不悔，为伊消得人憔悴”的等待，也分外期盼“蓦然回首，那人却在灯火阑珊处的”的瞬间。如何成就这样的游刃有余？如何能够信手拈来、七步成诗？我们终归无法找到一本现成的艺术家速成手册。关于艺术家成长的故事，我们已听得太多。特别是“庖丁解牛”、李白斗酒诗百篇等传奇，几乎是每个中国的艺术家都耳熟能详的。但是这些经典的案例，显然不具有可操作性和可传承性。这些故事只能让我们对成为艺术家的路径更加迷惑，因为酒醉的状态和庖丁的心情本身就充满了个人化的色彩。今天，我们已告别了那些充满幻想的时代。我们要给今天的艺术家，以及今天走在通向艺术家的道路上，正在求学的艺术爱好者一个相对明晰的表达。怎样才算是一个艺术家？如何成为一个艺术家？我们希望就艺术家的创作过程和艺术家的心理状态等问题，给出一个比较新鲜的回答。

什么是艺术家

什么是艺术家？且先不说大的艺术家，我们只感性地想象一下艺术院校的学生和一般的艺术工作者，这样的群体，似乎给大家一种感觉，就是与众不同，这种不同包括他们的奇装异服、他们的长发、他们的颓废的眼神、叛逆的目光、他们的被烟草熏黄的手指，以及他们的不羁的语言、不羁的造型等。我们难以定义他们，但是我们认可他们的差异，并且进一步认可艺术家可以有一点癫狂的气质。当然，这只是一种感性的印象。

艺术家一定需要这样吗？当然不是，只是我们承认艺术家要有一些个性。在艺术史上，艺术家有着过于敏锐的感受和丰富的情感，艺术家能够看到常人忽略的风景，听到常人听不见的声音，幻化出普通人难以想象的离奇画卷。所以，艺术家常常与这个世界之间保持一种比较紧张的关系，不知如何妥帖地安顿自己躁动的心灵；艺术家不断地挑战自我和世界的底线，去创造一个崭新的艺术世界，艺术家反对流行和随波逐流，比爱美的大众更容易审美疲劳。艺术家的生命就是不断创新的过程。歌德笔下的浮士德困守书斋的时候，发出强烈的内心独白："如果寻找不到生命的意义，就应该去寻找死亡。"[①]浮士德精神本身就内蕴了一种艺术探索精神，一种在有限的生命里，如何不断超越自我狭窄的时空界限、上下求索的勇气和毅然。同时，艺术也是一种技术，他要求艺术家具有运用某种特殊的媒介传递心灵的具体活动的能力。我们都知道，画家创作美术作品时需要用线条、色彩为媒介，在创作一幅美术作品时，画家并不是先有思想，甚至也不是先有某种强烈的感情。他的思想、意识和内心的欲望与感受，在创作之前只是一种朦胧的存在，只是某种情绪化了的感觉。作为画家，他只能通过线条、色彩这些特殊的媒介来表达，将内在的感觉化为具体可感的形象，舍此之外没有任何其他的途径。所以，艺术家以及一般的艺术工作者应该是敏感的、敏锐的、具有创

① 陈旭光：《艺术的意蕴》，中国人民大学出版社2000年版，第50页。

新精神的，同时还对所从事的艺术门类的技法、技能有熟练的把握。

敏锐和丰富

艺术家和芸芸众生一样都生活在这个世界之上，艺术家并没有被生活厚爱，可以格外领略更多精彩的人间风景。但是，艺术家却把生活艺术化在他们的作品里，以别致的语言、离奇的情节、动人的色彩和悠扬的旋律抒写生活的丰富多彩。这源自于他们敏锐的感受和丰富的情感。

美国意象派诗人庞德，写过一首仅两行的小诗：《地铁车站》。

人群中这些面孔幽灵般显现
湿漉漉的黑色枝条上许多花瓣

诗的上下两行，分别呈现出两组互相对应的意象。一是地铁车站的人群中幽灵般显现的面孔，二是枝条和花瓣。它们之间不是简单的比喻关系，而是构成了一种意象叠加的关系，这两组意象由于自身的相关性而产生吸引，从而构成一种独特的审美力量。这首短诗因此产生出一种我们习惯上称为火花的东西，引起人们的想象。这种语言必然是高度敏感和敏锐的头脑创造的结果。庞德曾在自己的回忆录中谈到这首诗的写作背景：一天，他从巴黎协和大街附近的一个地铁车站走出来时，突然间，看见了一个美丽的面孔，然后又看到一个，然后又是一个美丽的儿童，接着又是一个美丽的女人，他努力寻找能表现这种突发感觉的文字，但是没有成功。他觉得难以用语言形容，而好像是许多颜色的小斑点。他当晚写成一首三十行的诗，但是，感觉不满意，经过一年的时间，逐渐凝炼成了现在这样类似日本俳句的两行诗。这样千呼万唤始出来的作品，用诗的语言，却带给我们绘画、雕塑般的形象和质感。我们对人的体会，也可以是花，但是这首诗完全是对瞬间体会的一种描述，一种带有触觉和嗅觉感受的综合体。看起来是写人，也是在写花，同时在写一种流动的风景和一片斑斓的色彩。中国古诗中讲“去年今日此门中，人面桃花相映红”，其间我们体会的是一整个浪漫的故事，一种带有馨香气味的情感，以及物是人非之后的淡淡忧伤。我们在这里看到的不只是人和花之间简单的比喻，而是人与花双重意象的感觉叠加。同样庞德的诗也是如此。人群中的陌生面孔，美丽动人，但是却如幽灵般神秘和不可捉摸。这人群中擦肩而过的风景如此令人留恋，好像他日邂逅的枝头繁花，依稀记得黑色的枝条、湿润的花朵，娇嫩的花瓣。当这一切的感觉和记忆同时涌上心头时，这一幕幕交错闪现，于是竭力要把这一切用语言留下，所以只好把这一个个意象叠加起来，呈现出来。

诗歌不像绘画、雕塑那么直观地呈现形象和色彩，但是感觉敏锐、情感丰富的诗人也能做到这一点。他不仅引导我们体会刹那间的感受，而且让这种感受和情绪交融在一起，看见的全是景，但景中全是情。而且这种景，是选取日常生活人们忽略的景，选取诗人偶然组合的景，以景传情，引人回味。“枯藤老树昏鸦，小桥流水人家，古道西风瘦马。夕阳西下，断肠人在天涯”（马致远《秋思》），同样是让我们在丰富意象中体会萧瑟凄清的滋味。艺术家必须是情感丰富的人，“感时花溅泪，恨别鸟惊心”，花朵的哭泣，鸟儿的悲伤，诗人先我们一步体会到，然后再传达给我们。所以诗人华兹华斯说道：一朵微小的花也可以唤起我眼泪都无法表达的情感。

为人类找到一种新的情感表达形式

艺术家必须有创新精神，打开艺术史的画卷，我们记住了一个个具有关节点意义的艺术家和艺术品。艺术的发展史其实也是人类寻找情感表达的可能性的历史。任何一个艺术大师，之所以是大师，往往是因为他为人类找到一种新的情感表达形式，并且率先实践了它。艺术大师往往还要承受当时社会的非议和公众的误解。印象派的大师莫奈和后印象派的大师凡·高就是这样，在创新的路上遭遇坎坷，但依旧坚持自己的选择。

莫奈生活的巴黎，有很多个性鲜明、怀才不遇的艺术家，他们在一天辛劳之后，喜欢三五成群地到咖啡馆或啤酒店小酌，谈绘画、雕塑、文学，评论时事。开诚布公的思想交流对于艺术的革新有重要的意义。就在他们的高谈阔论当中，一个惊世骇俗的艺术运动正

莫奈《自画像》

在酝酿形成。

1874年，莫奈、雷诺阿、毕沙罗、德加、塞尚等29名艺术家在卡普辛大街借用一位摄影师纳达尔的工作室展出了165件作品，号称“画家、雕塑家和版画家等无名艺术家展览会”，莫奈在其中展出了这幅题为《日出·印象》的作品。这次展览不可避免地受到了习惯于传统绘画形式的人们的攻击，一位保守的记者撰文对展览大加嘲讽，将这个展览戏称为“印象主义画家的展览”。“印象主义”或者说“印象主义运动”因此而得名。

《日出·印象》描绘的是在晨雾笼罩中，日出时港口的景象。在由淡紫、微红、蓝灰和橙黄等色组成的色调中，一轮生机勃勃的红日拖着海水中一缕橙黄色的波光，冉冉升起。海水、天空、景物在轻松的笔调中，交错渗透，浑然一体。近海中的三只小船，在薄雾中渐渐变得模糊不清，远处的建筑、港口、吊车、船舶都在晨曦中朦胧闪现。作品里莫奈的笔触如此“零乱”，色彩如此“刺眼”，而造型又如此“粗糙”，这对于一贯正统的沙龙学院派艺术家来说是对艺术的叛逆，因此不断受到诽谤和奚落。

「莫奈《日出·印象》」

在艺术史中，印象主义标志着传统的“写实”的艺术向更为多姿多彩的现代艺术的转折，同时，印象主义明确地向艺术家和公众揭示出全面超越文艺复兴所奠定的那个传统体系的可能性。莫奈对“印象”的探索，在光和色中谋求最大的真实，也创造出了更辉煌更强烈的色彩。这种艺术创新思维打开了人们理解艺术的一扇窗户，比如物体并不具有绝对自在的固有色，比如，我们一般认为草是绿色的，然而眺望远方的原野，草却变成了青色，这是因为远处的物体受到偏蓝色的地球大气的影响。所以随着光学原理研究的不断深入，人们对光线和色彩的理解必将发生变化。莫奈以艺术的方式更为深刻地认识色彩的本质，这既促成了艺术史的创新思维，也对后来的现代主义艺术创作大有启发。从印象主义真实地表达这个世界，到后印象主义真实地表达自我，艺术走上了一条更关心“自我”的道路，这也是现代主义艺术深情的呼唤。

我们暂时从西方绘画艺术中走出来，放松一下，听一首歌：《北京一夜》[①]。

女:不想再问你 你到底在何方

不想再思量 你能否归来么

想着你的心 想着你的脸

想捧在胸口 能不放就不放

男:one night in beijing 我留下许多情

不管你爱与不爱 都是历史的尘埃

one night in beijing 我留下许多情

不敢在午夜问路 怕走到了百花深处

女:人说百花的深处 住着老情人 缝着绣花鞋

面容安详的老人 依旧等着那出征的归人

男:one night in beijing 你可别喝太多酒

不管你爱与不爱 都是历史的尘埃

one night in beijing 我留下许多情

把酒高歌的男儿 是北方的狼族

女:人说北方的狼族 会在寒风起 站在城门外

穿着腐锈的铁衣 呼唤城门开 眼中含着泪

男:呜………………我已等待千年 为何城门还不开

女:呜………………我已等待了千年 为何良人不回来

合:one night in beijing 我留下许多情

男:不敢在午夜问路 怕触动了伤心的魂

① 陈升作曲，陈升和刘佳慧共同填词。

合:one night in beijing 我留下许多情

男:不敢在午夜问路 怕走到了地安门

女:人说地安门里面 有位老妇人 犹在痴痴等

面容安详的老人 依旧等着那出征的归人

男:one night in beijing 你可别喝太多酒

走在地安门外 没有人不动真情

合:one night in beijing 你会留下许多情

不要在午夜问路 怕触动了伤心的魂(人)

男: one night in beijing one night in beijing

女:不想再问你 你到底在何方

不想再思量 你能否归来么

想着你的心 想着你的脸

想捧在胸口 能不放就不放

男:one night in beijing 你会留下许多情

不敢在午夜问路 怕触动了伤心的魂

这是陈升和刘佳慧共同演唱的一首歌。这首歌的主要特点在于京剧唱腔的加入，营造出一种历史和现实之间的无限怅惘之情。数百年后，那个唤作“百花深处”的胡同还在，只是我们再也看不见捧着绣花鞋的老妇人和把酒高歌的狼族，也听不见千年前等待城门打开的呼唤。曾经是风起云涌的地方，曾经是文人名优之家的北京，曾经夜空中都荡漾着咿咿呀呀的管弦丝竹，那斑驳残缺的琉璃瓦、那早已落了漆的朱红木门、那胡同深处的叫卖声，那旧砖墙上的青苔，那燕京的繁华旧景背后的无疾而终的爱情，那暖酒愁肠的少年情怀，跟着歌声我们也许可以回到那个惆怅而激情的岁月。听着京腔京韵，我们没有喝酒，却恐怕已经惶恐迷醉了。

流行歌曲、英语单词和京腔京韵的结合，是一种带有后现代风情的“混搭”，同时也是古典和现代的结合。所以这种“混搭”不带有任何颓废、媚俗的气息。站在现代的北京，遥望古时候的繁华往事，这种时间和空间的斗转星移在既古老又现代的悠扬曲调中传递，使得回忆本身慢慢地立体起来，回忆既在物理的空间中延展，也在历史文化的空间中弥漫，这种“无可奈何花落去，似曾相识燕归来”的惆怅在每一个熟悉的大街小巷中穿行，以一种流行的方式传播文化的沧桑感和历史的失落感，这种新鲜的创作方式和演唱方式确实令人回味悠长。

我们突然发现，原来京剧可以以最流行的方式出现，并且同时造成一种文化碰撞的效果，带给人绵密的历史回味。这种创新思维如果加以好好研究的话，或将使得流行乐坛乃至于流行艺术也呈现出一种高雅和深沉的气象。

没有技术手段就不会有艺术

以上我们讲到了艺术家需要敏感，需要感情丰富，需要敢于创新，其实我们还忽略了一个基本的问题，就是艺术家需要有技术，这是一个起码的要求。作为画家，你要懂得构图、配色和笔墨技法；作为音乐家，你要读懂乐谱，懂得演奏的基本方法。这看起来是非常自然的事情。

然而，反过来讲，没有技术手段就不会有艺术。人们的内心世界和心灵情感只有在技术的帮助下才有可能转化为欣赏者可以接受和感知的艺术品。技术能力的高下，对一门艺术的技术手段掌握的娴熟程度，能否创造性地运用这门艺术所特有的技术手段，也始终是衡量艺术家的水平能力高下的不可缺失的标准。

艺术是千百年来人类文明历程中重要的文化积淀。这里所谓的积淀，在很大程度上就是技术的积累。艺术的思维是运用技术手段和艺术媒介的思维，画家在画画的时候，是用笔触、颜色作为他思考的材料和媒介，他是把色彩和线条作为工具构思作品。音乐家在构思作品的时候，他想的不是要表现小桥流水、狂风暴雨这样的一些形象性因素，不是要表现他的欢乐或哀愁，他要用旋律和节奏来进行思考。表演艺术是一个更典型的例子。演员在舞台上需要思考，他需要知道自己在此情此景之下做出如何的反应。他要做的就是直接想运用什么样的身段和形体动作来进行表演。所以，形体本身和身体本身及其变化就是戏剧和舞蹈演员等运用身体为材料的艺术家们思考的媒介。

大家都知道，京剧是程式化的艺术，在京剧表演中，连怎样哭泣都需要艺术的加工和美化，并有一定的程式可循。所以京剧演员在舞台上表现悲伤哭泣时，首先要考虑的是如何表

京剧演员表演悲伤

现。“同是一哭，需根据悲伤程度、各类不同人物和行当特色以及具体要求的表演分寸，选择合适的动作配合运用可使这简单一哭有所改善。如：同是低头可度数不同，可加摇头，可加闭目，可加捶胸，可加顿足，可加抽泣，可加叹息，可加念白等；同是抬手拭泪可分左右和单双，可用衣袖，可用衣襟，可用长须（生、净），可用手帕（旦、丑），可用手背，可用食指（丑与个别花旦）；同是掩面可先后有别，可左右拭泪……然而有一点可变动不得，演员的手和衣物等不能碰着面部，更不能揉擦眼睛，这倒不是为虚而虚，而是避免弄花了化妆的眉眼，尤其是净行角色勾画着像曹操那样的大白脸，如果这样一揉擦可就成了大熊猫的模样了。”[①]以京剧为个案，是要表明，艺术家在表现丰富的情感时必须借助技术因素来实

① 张云溪：《艺苑秋实——京剧表演多种程式的妙用》，中国广播电视出版社1995年版，第100页。

现。同样的，在舞蹈中，我们也可以常常发现艺术家用身体的姿势表现情感，用高难度的身体动作来说话。而达到这一丰富的表现，舞蹈演员必须多年如一日地练功、塑形，以实现在舞台上用身体语言表现感情的目的。

“台下十年功，台上一分钟”讲的就是艺术家只有苦练艺术基本功，才能胜任舞台表演的道理，同样所有的艺术门类都是以基本的技能、技法训练为基础的。在经过技术准备之后，艺术家进一步追求艺术的创新。由于个人禀赋的不同，在激情的燃烧下，许多艺术家成就了辉煌的作品。事实上，最高的艺术境界和审美理想应该是心灵和技巧的完美融合，是如同庖丁一般的以神遇，而不以目视。像李煜的词“问君能有几多愁，恰似一江春水向东流”，表面上看起来完全是平常语言，似乎直接从心灵流出，不加雕饰。但是这样的诗句就没有任何技巧吗？也不是，诗词本身是要讲究写法的，遣词造句时要考虑到对偶、声韵平仄，语言的音乐美等。“愁”与“流”在古时候也是押韵的。这样作品的魅力就在于看不到技巧的痕迹，但又包含了非常高超的技巧。所以，总结以上对艺术家的描绘，艺术家的心灵重要还是技术重要就无法给出定论。只能说，艺术家既要敏感善思、情感丰沛，还要有创新意识、卓尔不群，同时必须掌握技能技巧，才能成为艺术家。

体验思考和传达

艺术家的素质构成仿佛是一个内在的东西，我们看不见，我们看见的都是艺术家的产品。艺术家如何生产他们的艺术品呢？中国古人讲究“读万卷书，行万里路”。其中，读万卷书的过程就是间接的生活体验，行万里路的过程就是直接的生活体验。艺术家要深入社会生活，体验生活的真实，然后经过艺术家主体的再现和表现，实现艺术的真实。从生活到艺术的过程，可以简单分作三个阶段：体验、思考和传达。

体验，就是以身体之，以心验之的过程。严格来讲，体验还是一种本体性的人生反思状态，它要求体验主体以一种能“空”的心灵状态，虚以待物，并且体察万物。“静故了群动，空故纳万境”，体验是艺术家人格涵养的重要环节，也是艺术创作的重要组成部分。

能够直接体验当然最好，可以在体验的同时获得心灵的碰撞，并且把这种经历埋在记忆里，成为日后创作的丰富源泉。著名德国诗人里尔克说过一段诗意盎然而又精彩绝伦的话：

“诗并不像一般人所说的是情感，诗是经验，为了一首诗我们必须观看许多城市，观看人和动物，我们必须去感觉鸟怎样飞翔，知道小小的花朵在早晨开放时的姿态。我们必须能够回想：异乡的路途，不期的相遇，逐渐临近的别离；——回想那还不清楚的童年的岁月；想到父母，如果他们给我们一种快乐，我们并不理解他们，不得不使他们苦恼；想到儿童的疾病，症状离奇地发作，这么多深沉的变化……我们有回忆，也还不够。如果回忆很多，我们必须能够忘记，我们要有大的忍耐力等着它们再来。因为只是回忆还不算数，等到它们成为我们身内的血、我们的目光和姿态，无名地和我们自己再也不能区分，那才得以实现，在一个很稀有的时刻有一行诗的第一个字在他们的心中形成，脱颖而出。”①

可见体验的过程是多么的历尽沧桑和呕心沥血。但是，显然艺术作品中的许多内容是无法通过直接体验获得的。要讲述古人的故事，拍摄历史题材的电影和历史剧，拍摄未来世界或灾难片等艺术创作活动就不能完全依靠直接体验来获取素材，艺术家要通过历史书籍、出土文物、科技研发以及大胆的设想来进行创作。所以体验必然包括间接体验。

王小波在《我怎样做青年的思想工作》中讲了这样一个故事。他有一个外甥是清华大学的学生，热爱摇滚，想毕业后以摇滚为生，孩子的父母对这种前景深感忧虑，认为玩摇滚不是正经事情，丢人，不体面，于是请王小波做做思想工作。王小波认为：有爱好很好，但是先挣钱养活自己，再去爱好也不迟，摇滚音乐他不懂，但听说过一个叫《一无所有》的歌，很好听，但好像不是一种快乐的生活。外甥认为：不必快乐，痛苦是灵感的源泉。这似乎不好辩驳了。因为，在舞台上，人们唱《黄土高坡》，在银幕上，人们看《老井》、《秋

① 转引自陈旭光：《艺术的意蕴》，中国人民大学出版社2000年版，第109页。

菊打官司》，柴可夫斯基的《如歌的行板》是千古绝唱，但是据说题材是俄罗斯民歌《小伊万》，那是人民痛苦的心声。美国女歌星玛瑞·凯瑞以黑人灵歌的风格演唱当年黑奴们唱的歌。王小波为了对姐姐有个交代，于是这样劝说外甥：痛苦是艺术的源泉，但也不必是你的痛苦。因为柴可夫斯基自己可不是小伊万，玛瑞·凯瑞也没在南方的种植园里收过棉花；唱《黄土高坡》的歌者都打扮得光鲜亮丽，演秋菊的演员卸了妆一点都不悲惨。种种事实说明了一个道理：别人的痛苦可以是你艺术的源泉，而你去受苦，极有可能成为别人的艺术源泉。外甥马上明白了，这样不合算，即使自己受苦，开掘出了艺术的源泉，却不是自己的。所以外甥决定毕业后进公司挣大钱。王小波自己不一定这么理解艺术的源泉，但是他这种正面教育和黑色幽默相结合的教育方法确实取得了成功。

艺术家如何体验生活，获得艺术的灵感和源泉？王小波讲的故事，有一点启示，就是艺术家的生活体验很多时候需要间接体验。为什么这样呢？这大概与美学原理中经常讲到的“距离产生美”有关。英国心理学家布洛仔细研究过这个道理，推演出一条原则，叫做“心理的距离”。我们可以举例来说明一下。

乘船的人在海上遇到大雾，非常不愉快，既担心行程耽误，呼吸不畅，也担心撞上礁石或者相邻的船只，在这种情况下，船上的人时时觉得大难临头似的，只好任凭命运的摆布。但是换一个观点来看，海雾也是一种绝美的景致，如果你聚精会神地看这种景象，看这轻烟似的薄纱笼罩海面，远山若隐若现，宛如梦境，四周都是广阔、沉寂的气氛，仿佛是天上人间，这不也是一种愉快的体验吗？如果你是船上人，你多半会如前者一样忧虑；如果你站在岸上，遥望海景，你或者有后者的心境。前者，与海雾的距离太接近了，所以不能用“泰然处之”的态度欣赏它；后者，摆脱了与海雾的关联，海雾与他的实际生活存在适当的距离，所以可以形成审美的态度。艺术家和诗人的长处就是能够把事物摆在某种“距离”以外去看。王小波的故事中包含了这样一个道理，就是当你处在痛苦之中的时候，你与痛苦之间没有距离，仿佛处在海雾之中，你无法给它以艺术的表现。而当你处在一种比较好的生命状态，处在安全的地方，你就有能力把痛苦当做艺术的源泉，就像站在岸上的人，很优雅地欣赏海上雾霭，并且可以把它表现在诗歌和绘画里。

艺术创作的体验环节包括直接体验和间接体验，这两种体验在艺术创作中构成了一种矛盾，那就是如何平衡这种因为不同体验方式所带来的“距离的矛盾”。一方面，艺术家如果把自己的最切身的情感描写出来，这样的作品不至于空疏和不近情理。但是另一方面，艺术家不能同时生活在这种情感中，他一定要把它客观化，使这种情感成为一种意象，艺术家本人对这种情感的把握要处在旁观者的地位，他要和这段感情保持“距离”。所以，通常所谓的自传体的作品，艺术家也需要有客观的态度，才能很好地写出个人的情感悲喜，一旦他沉浸其中，不能自拔，作品就无法创作下去。

普通人也常常深为自己的悲喜人生而纠结，认为我们个人的故事可以写成一部作品，只是遗憾自己不是作家而已。其实，我们不能把自己的故事表现于艺术，就是由于不能在自己和自己的情感中留出“距离”来，不能站在客观的地位观照自己的生活。艺术家需要很高的修养，才能从个人的利害中跳出来，把生活变成艺术。小伊万、黑奴、秋菊都不是艺术家，艺术家和他们的生活保持了一段相当的距离，所以可以用音乐的形式和电影的形式表现他们。

艺术家的体验不仅来自直接体验，也来自间接体验，人生命的时空是有限的，过往和未来，上天和入地都是我们无缘的时空。在有限的生命体验中，艺术家们会比常人更敏感，更尽力体会，除此之外，就只有依靠各种间接的渠道去获得素材，然后经过想象的加工，慢慢构思作品，这就进入了下一个环节。

体验之后，艺术家还要思考。这里思考既有形象的思考，也有抽象的思考，既有意识层面的心理活动，也有无意识层面的活动。

通常我们认为艺术是形象的创造，但实际上，艺术家在创作中也需要抽象思维的协助，抽象思维使得艺术作品的内在意蕴得以体现。或者说形象和抽象的思考是融为一体的，最深的用意也需要用直观的形象来表现。这就好像内容和形式的关系，形式本身就包含了内容，而内容的表现就在形式之中。例如，罗丹的雕塑《巴尔扎克》。

罗丹一直在思考用什么样的造型表现巴尔扎克，为此他做了许多习作。有的叉腿，有的并足，有的双臂在胸前交叉，有的抱臂悬空。一次，罗丹征求他的学生布尔德尔的意见，布尔德尔称赞说：巴尔扎克的手雕得太好了。罗丹听后，拿起锤子砸掉了这双手，因为他怕这双手过分突出而忽略了人物的主要部分。罗丹认为：应该着重考虑的是巴尔扎克的热情工作和艰难生活，应该强调他的伟大胆略和精神。于是，罗丹费时六年，在经过大量的阅读、考察和研究之后，最终选择了巴尔扎克在灵感的召唤下半夜披衣起床的情景：人物的全身，包含双手在内，被裹在宽大的睡袍之中，以突出那毛发散乱、充满智慧的硕大头颅。《巴尔扎克》像牢牢地将巴尔扎克深夜创作的神思凝结，以纪念碑的形式永恒地镌刻在时间中，让今天的人们感受到大作家巴尔扎克思想的光芒。

德国诗人里尔克看到这尊雕像时，禁不住赞美说，巴尔扎克创作时动人的神情正是那“骄傲、自大、狂喜和陶醉”！如何表现这种所谓的“骄傲、自大、狂喜和陶醉”不只是形象问题，这必须要诉之抽象的思考。只有放弃对人物细节的描写，只显示头部，才能将观赏者的目光凝结在巴尔扎克的思想和性格中。而这也是巴尔扎克和普通大众最重要的区别。让巴尔扎克裸露太多的肉体，会让观赏者的审美注意被分散，对巴尔扎克精神的理解会受到影响。选取这样的造型，罗丹必须依赖抽象思维的帮助。

一般而言，诗人写得最成功的诗歌，往往是那些在形象里隐含着深刻的哲学意蕴的诗。在东方，从直观形象中领悟哲理玄机可以说是诗人的重要才能，比如日本17世纪一位伟大的自然诗人芭蕉曾写过一首俳句：“当我细细看/啊，一棵荠花/开在篱墙边！”这很像是芭蕉在一条乡村小道上散步，突然发现了篱墙上的一朵小花，于是他感到惊喜和感动，领悟到了某种生命的意义，于是写成了这首优美而含义悠远的俳句。或许，我们日常的生活和工作过于循规蹈矩，所以常常处于审美疲劳的状态，所以才会在惊讶的瞬间，感到从没有过的美，才会如陶渊明一样“采菊东篱下，悠然见南山”。其实南山不远，远离的是我们的审美之心。“悠然”虽然是不经意的遥望，但却是对生命的最好抚慰。芭蕉的领悟中蕴涵了一个我们熟悉的道理，生活中不是缺少美，而是缺少发现。同时更包含有玄妙的哲学意味。英国诗人威廉·布莱克写过这样的句子：

一颗沙里看出一个世界，
一朵野花里一座天堂；
把无限放在你的手掌上，
永恒在一刹那里收藏。（梁宗岱译）

俳句这样的短小，意蕴却这样的悠长。诗人把最形象的感受和最本真的思考放在一朵小花之上，不论古今，不论中西，人类都能共同为之感动。艺术创作中需要思考，并且思考要隐藏在形象之中，如水中的盐，花朵的香。

在艺术创作的“思考”阶段，也是通常我们理解的“胸中之竹”①的阶段。这个阶段，艺术家的精神活动异常活跃，除了技术的准备、形象的构思和精神内涵的思考之外，还有许多难以言表的心理活动会突如其来地出现，在文学创作上会突然形成一种文思泉涌的状态，需要一吐为快。在作曲家那里可能是拿起笔来，奋笔疾书，短短时间内，一首激动人心的乐曲就谱写完毕。通常艺术家们把这种状态称之为“灵感”。

“灵感”一词出自西方，灵感作为艺术创作中的一种现象又是中西方普遍存在的。追溯

① 清代画家郑板桥曾经把画竹的过程分为“眼中之竹、胸中之竹、手中之竹”三个阶段，可以分别对应于这里的“体验、思考、传达”三个阶段。

灵感的缘起和基本的内涵，可以从柏拉图开始。古希腊的柏拉图可以作为古代西方灵感论的代言人。他认为灵感的实质是诗神凭附在诗人身上，诗人的创作是“代神说话”；灵感发生的时候，诗人会进入一种“迷狂状态”。具体联系当时现实来看，所谓柏拉图的诗指的就是“荷马史诗”或者戏剧。在这样的叙事性作品中，作者会进入角色，失去自己，变成人物，与自己的人物合二为一。古今中外的作家谈到创作经验时几乎都有与福楼拜所说的“包法利夫人就是我”相类似的话。中外理论家也反复用类似迷狂的字眼：梦幻、幻觉、无意识来谈论这一现象。

中国艺术创作也讲究灵感，但由于中国文学是以抒情写意的诗文为主体，叙事文学、小说和戏曲等到明清才盛行起来，所以，以抒情写意为主体的中国文学，作者的思想情感总是直接抒发出来，没有主客之间的尖锐对立，也没有为了进入角色而产生的迷狂和幻觉。如果说西方建立在叙事文学基础上的灵感论以人与人的关系为主，那么中国建立在抒情文学基础上的灵感论就是以人与景的关系为主。人与人的关系处理需要心态的转变，需要迷狂，不知何者为我，不知何者为他。人与景的关系中，艺术家需要的是心灵的体悟，在情景交融中迷失自己。中国化的灵感表现为一种超凡脱俗的，与自然融为一体的“忘境”，不知何者为我，不知何者为物。所以，中国的诗歌在景与情之间自由流转，从“昔我往矣，杨柳依依”到“今我来思，雨雪霏霏”，我们看不到转化的痕迹，情景合一。直到今天，我们的小学生写作文，也常常是从描写天气和景物开始，好像只有这样才可以进行后面的抒情记事。细究其中端倪，大约，写景是一种起“兴”，兴奋了、思想活跃了，才会慢慢激发灵感的到来。

西方文化进入现代，产生了以弗洛伊德为代表的精神分析学，这一学说为解释灵感理论提供了新的思路，可以说，在现代，灵感问题转化成了无意识问题。无意识作为人类的深层心理也成为艺术创作中令人困惑和着迷的心理现象。

弗洛伊德开始用意识、前意识、无意识这三个概念来描绘人的心理结构。前意识的内容可以为意识所接受，所以它可以来去自由，无意识的内容不能被意识所接受，所以它一想出现就遭到意识的抵制，被压抑下去，所以压抑是精神分析的一个重要概念。人的内心时刻都存在着意识和无意识之间的无形争斗。关于无意识的理论完全从人本身出发来解释灵感现象。灵感是突然的，来不可遏，去不可止，其原因在于意识对无意识的压抑。灵感中的失去自我，代他人说话，实际上是失去意识的自我，显露无意识的自我。作家创作正像儿童游戏和成年人的白日梦一样，是无意识愿望的满足。弗洛伊德认为艺术家化为人物，进入角色，就可以在创作中尽情地享受自己的白日梦而不必自责和羞愧。精神分析理论告诉我们，灵感的迷狂看起来是来自一种外在的力量，其实它是内在的，为意识所不知道的无意识的力量。这样灵感之谜就在人的心理动力结构中得到了解答。

弗洛伊德讲述人的内在心灵的秘密，颇有一些惊世骇俗的观点，这些观点对于我们理解艺术创作中的心理现象也常有所启示。比如，他最为著名的观点是所谓的“俄狄浦斯情结”[①]。用这一理论来解释一些作品的创作动机确实得出很多大胆的推论。比如，从《蒙娜丽莎》来解释达·芬奇的内心世界。弗洛伊德将蒙娜丽莎嘴唇上的微笑看作达·芬奇对母亲依恋的象征。达·芬奇作为一个独身者，他对女性的体验，也许仅仅停留在童年期，母亲给他喂奶和母亲对他的亲吻，所以在他的绘画中，人物的嘴唇总是在一幅绘画中显得最为生动。

艺术创作中的灵感、无意识等深层心理充分证明了艺术创作的复杂性，艺术家的创作过程就像是一个黑箱，我们只知道它的一边连着“眼中之竹”，一边连着“手中之竹”，“胸中之竹”如何呈现为一个完美的意象将永远令人困惑，所以，我们至今无法创造一个机器人从事艺术创作活动。艺术的魅力就在于人性深层心理的丰富和复杂，古希腊的口号“认识你自己”将有它永恒的意义。

艺术的传达作为艺术创作的最后一个阶段，是指艺术家借助一定的物质材料和艺术媒介，运用艺术技巧和艺术手法将艺术的体验和思考的结果物态化的过程。传达的关键问题，不是技术问题，而是选择艺术语言的问题。高尔基曾经说过，“我的失败常常让我想起一位诗人所说的悲哀的话：世上没有比语言的痛苦更强烈的痛苦”。“两句三年得，一吟双泪流”描写的也是斟酌字句的痛苦。所以艺术家与语言的搏斗成为了艺术传达的核心内涵。

若是仅仅停留在想象、构思和思考的阶段，每个人都可以是艺术家，但是之所以有的人

① 取材于希腊神话。俄狄浦斯一出生就被神预言会杀父娶母，果然，长大后他没能逃脱命运的掌控，无意中杀死了父亲，后又娶母为妻，最后羞愧地刺杀双眼，自我流放。

成为了真正的艺术家，就在于他们经受了艺术语言的考验，他们在基本的艺术技能之外，有自己独特而精彩的语言选择。

以莫奈为例，我们可以猜测，当莫奈漫步田野的时候，他感觉到自然呈现出一幅使人惊奇的面貌，它们好像完全是陌生而反常的。自然在光线的作用下，那样富有层次感和生动性。这就是青年莫奈所发现的一切。然而他看到的不只是一个平坦而坚实的田野，而是一个色彩缤纷的田野，一个在色彩层次上丰富和微妙得使他惊奇的田野，也正是这一点使莫奈获得了一种新奇感，并从中得到极大的愉快。莫奈眼中之所见慢慢转化为媒介语言或色彩语言，现实世界中的一切在莫奈那里都转化成了色彩和色彩之间的关系，无疑，若是没有一种对色彩语言的特殊敏感力及捕捉能力，莫奈就不可能以他的印象主义画风开风气之先。

究其实，印象主义对瞬间感官印象的强调正是对我们在日常生活中色彩感觉能力退化的一种陌生化。看莫奈的《日出·印象》、《干草垛》我们无疑会惊叹于画面光线的律动、色彩的丰富和色彩感的强烈鲜明。扪心自问，我们在忙碌的日常生活中忽略了或熟视无睹了多少鲜活灵动的色彩，我们对色彩的感觉已经钝化到了何种程度。我们可以通过莫奈的《安提比斯》来进一步说明。

1888年，莫奈乘火车离开巴黎向南驶去，途中停了几站之后，最后到达安提比斯。这幅画的视角取自尼斯蓝色海岸，面向安提比斯的古代堡垒，远处是阿尔卑斯山。莫奈描述说，太阳照在周围的山上，山就变成了粉红色和蓝色，画起来特别吃力。因为他画的那些地方，在阳光的照耀下总是在变换着颜色。画成后，人们看到的一系列形象是一个由无数变化着的成分构成的梦幻般的景观。莫奈笔下的景观看起来是梦幻的，但莫奈本人却是真诚地要把看到的自然的一切拿给我们看，而自然的光影是瞬息变化的，于是我们看到了一个陌生的自然，一个我们渴望了解的自然。莫奈用自己的绘画语言告诉我们，自然可以有这样的颜色。

艺术语言具有公共性，谁都可以使用，谁都可能早已使用过，因而艺术家在使用艺术语言时，就极易时时陷入重复和摹仿别人的窘境。因此一个艺术家创造性的重要表现正在于他在语言运用方面的匠心独运，在于使用艺术语言尽可能地“陌生化”，从而给观众和读者带来无穷的新鲜感和好奇心。艺术的目的是要使人感觉事物，而不是仅仅知道事物，艺术的技巧是使对象陌生，使形式变得困难，增加感觉的难度和时间的长度，因为感觉过

程本身就是审美的，必须设法延长。八大山人为了传达心灵的苦闷，选取了残山剩水、目光呆滞的鱼和鸟作为绘画主题；亨利·摩尔用带有孔洞的人体雕塑来表现他对人类的理解；张爱玲用“丑陋”的比喻来揭示女人的特点，比如“粽子、牙膏、粉蒸肉、糖醋排骨”等都是她曾经选用的喻体，这使得张爱玲的语言犀利而传神。这些艺术家不仅对生活有独特的体验和思考，而且在艺术创作的传达阶段都创造出了陌生化的效果，他们的艺术品因此成为公认的经典。

《罗拉快跑》这部电影，可以作为一个很好的例证来说明艺术传达的技巧，艺术传达的陌生化在这里表现为一种浪漫而惊悚的原创性。

《罗拉快跑》是一部崭新的电影。采用了现代剧作的板块式结构。全片总长度是75分钟，除去开头和中间的冥界回忆之外，由三段各为 20分钟的奔跑构成。全片就展现了罗拉奔跑、筹钱营救男朋友曼尼的过程。每一段奔跑都引向了不同的结果，或者为罗拉死去，或者为曼尼死去，或者两人拿到钱之后，快乐地踏上人生旅程。

在《罗拉快跑》中，大量全新的电影手法（如电脑手段等）的运用，让人应接不暇。首先本片开始就指明这是一场游戏，然后镜头进入时空隧道。每一次20分钟的奔跑都从罗拉接到曼尼求救电话开始，罗拉就像是一个完成电脑闯关游戏的主角。每一局结束了都可

《罗拉快跑》图片之一

以重新开始。每一次游戏都有大致相似的情节，只是每一次的结果都很不相同。当某个人物突然出现在屏幕上的时候，影片中经常出现一些快速跳切的镜头，表现这个人物的未来发展变化：悲惨死去或飞黄腾达。这是电视广告和MTV中常用的手法，观众根本无法看清楚拍摄对象，只是形成一个大致印象。该片就是要制造这样一种人生飞驰而过的感觉，人生的不确定性也凝聚其中。这反映出本片导演汤姆·提克威与常规电影制作者在电影制作观念上的不同。

影片开始，电影版和动画版的罗拉就一起进入观众视野，每一次奔跑的开始，罗拉都要在楼梯的拐弯处遇上邻居和他凶恶的狗。为了避免罗拉跌滚下楼和飞跃人狗的高难度动作，导演用动画的方式表现她和狗的遭遇，既方便地实现了情节的推进，也满足了观众的视觉效

「《罗拉快跑》图片之二」

果，令人耳目一新。

电影中罗拉的三次奔跑，每次20分钟，每次奔跑的电影时间的长度与现实中的实际时间的长度基本一致，这在以往的电影中实属罕见，这也给观众造成真实感和紧张感。

整部电影的影像以动态镜头为主，制作者多次安排罗拉在桥洞下、隧道中奔跑，由于演员的运动，影像同时也产生不稳和晃动。这些既是演员的感受、观众的感受，也反映出了世界本身的动态和不确定。

影片中突出使用了三种色彩，红色、黑色和白色。红色是罗拉的颜色，满头红发的她在钢筋水泥的丛林中为了爱情而奔跑，红色是热情的也是浪漫的。曼尼、父亲、母亲、警卫、父亲情人等都是黑色或白色的着装，暗示出他们的世界平淡乏味，暗示出他们的冷漠、平庸和缺少激情。红色也是危险的颜色，红色的救护车、红色的电话，也表现出世界的不稳定感和危机感。

《罗拉快跑》似乎也是一部说不尽的影片，她的电影语言的创新和陌生化，使它成为德国有史以来最棒的电影。它的导演汤姆·提克威也因此备受关注。据说出生于20世纪60年代的汤姆本人也是一个“视听时代”的产物，他玩电脑游戏绝对是一个高手。电视、电脑深刻影响了他的言行乃至思维，所以，他才可能在日后的创作中把电脑游戏的虚拟因素引入电影。

当我们说到导演的个人生活时，我们又回到了艺术创作的体验阶段，有什么样的直接或间接生活体验，就会带来什么样的思考，因此会形成某种独特的表达方式和技巧。无疑，艺术创作活动是一个复杂且奥妙无穷的活动，我们所谈论的终归只是冰山一角，海平线以下的不可见的大部分都是艺术创作的秘密，有待于不断的思考。但是，每一位优秀的艺术家，都在自由地表达自我，用艺术的方式使这个世界呈现出新的面貌。

请你思考

1. 你了解罗中立《父亲》的创作过程吗？请查阅有关资料，讲讲这幅作品创作的体验、思考和传达过程。

2. 每个艺术家的成长都有自己的独特性，请查阅有关资料，了解一下画家凡·高的生平，并思考他如何成就了自己辉煌的艺术成就。

延伸阅读

朱光潜《文艺心理学》

本节主要讲艺术创作，对于艺术创作的问题，著名的美学家朱光潜先生有什么要启发我们吗？我建议大家读一读朱先生的《文艺心理学》（安徽教育出版社1996年版）这本书按照朱先生自己的解释是从心理学出发来研究美学。这本书丢开一切哲学的成见，把文艺的创造和欣赏当做心理的事实去研究，从事实中归纳出一些可适用于文艺批评的原理。

关于艺术创造，本书的第十三章和第十四章分别谈到了想象与灵感、天才与人力。其中朱先生关于“人力”的解释落实在“模仿”上，并且认为天才也要靠人力来完成。这对我们本节的学习非常有启示。

朱先生从具体事例出发，“我心里想到一棵竹，竹叶茎干，件件都了然于心，何以我不能把它画出来呢？因为我不能动手，所谓‘不能动手’就是不能任竹的意象支配筋肉的活动，使笔顺着适当的筋肉活动，恰画出胸中成竹来。穷到究竟，艺术的创造都不过让所欣赏的意象支配筋肉的活动，使筋肉所发动作，恰能把意象画在纸上、谱在乐调里或是刻在石上。这种筋肉活动像走路泅水一样，都从习惯得来，不是天生的。习惯的养成都需要人力。”[①] 画家能做我们所不能做的事，就因为他的筋肉已养成一种意到笔随的习惯，这种筋肉习惯就是画画的特殊技巧。这种技巧是需要习得的，并且不是短期可以做到的。所以正如以上所讲到的：要成为艺术家需要有专业技能，技能比灵感还要重要。

谈到学习，如何学习呢？艺术家是如何学习专业技能的呢？朱光潜认为：“要想学一门艺术，就要学习它的特殊的筋肉技巧，天才也逃不脱这一关。所谓‘学习’不过包含两种活动，一种是尝试，一种是模仿。这两种活动是分不开的。”[②] 创造都基于模仿，而模仿的目的大半是养成筋肉的技巧。这种感受我们可以从许多直接间接的生活经验中获得。小孩儿学写字，最初是描红，然后写简单笔画，再次是临碑帖。这些方法的目的都是以旁人的书迹为模型，逐渐养成手腕筋肉的习惯。至于历史上的传说：张旭观公孙大娘舞剑，从而受到启

①② 朱光潜：《文艺心理学》，安徽教育出版社1996年版，第211页。

发，也是模仿一种特殊的筋肉活动，从而心有所感，获得书法的启示。

谈到诗文创作，朱先生有更多的体会。“诗文都要有情感和思想。情感都见于筋肉和其他器官的变化，喜时和怒时的颜面筋肉和循环呼吸等等各不相同，这是心理学家所公认的事实。”[①] 这种筋肉活动是否可以模仿呢？我们知道中国人论诗文的模仿，向来着重“气”字。“气”似乎是一个很抽象的字眼，但是，诗文之气也是可以通过模仿习得的。朱先生引用曾国藩《家训》里的讲述：

“凡作诗最宜讲究音调。须熟读古人佳篇，先之以高声朗诵，以昌其气；继之以密咏恬吟，以玩其味。二者并进，使古人之声调拂拂然若与我喉舌相习，则下笔时必有句调奔赴腕下，诗成自读之，亦自觉琅琅可诵，引出一种兴会来。”

朱先生对“气”的理解，剥去了“气”神秘主义的内涵，“气”与声调有关，而声调又与喉舌运动有关。文人所谓“气”也还只是一种筋肉的技巧。按照这样的创作指南，今天的大学生，正走在成为艺术家的路上，完全可以从模仿开始艺术的学习，并且在模仿中体会艺术的“韵味”。朱先生告诉我们“古今大艺术家在少年时所下的功夫大半都在模仿这种筋肉上的技巧。画家、雕刻家和音乐家都要把手腕练得娴熟，歌者、演戏者和演说者，都要先把喉舌练得娴熟，作诗文者都要先把气势声调练得娴熟。在练习时他们往往利用前人的经验，前人的经验要从他们的作品中揣摩出来。这种练习和揣摩正如小儿学走，打网球者学姿势，跳舞者学步法一样，并无若何玄妙，也并无若何荒唐。”[②]

艺术创作一度被我们视为不可透视的黑箱，我们把太多的玄妙赋予其上，其实，千里之行、始于足下，朱先生上个世纪的讲述在今天看来还很有价值，并且启发所有艺术的学习者从这条路一直走下去。

① 朱光潜：《文艺心理学》，安徽教育出版社1996年版，第212页。

② 同上，第214页。

第六讲　雾里看花

——艺术世界的游走

艺术学研究的对象是艺术，但是无论艺术的本质、艺术的起源、艺术的特征，我们谈的都是艺术的一种总体概念，或者说我们一直在谈“抽象”的艺术。我们之所以能够把艺术作为一个学科来谈论究竟，首先是因为我们人类的生活中出现了艺术品这样一种精神产品，然后，人们由于对艺术品的兴趣，才开始对它进行追根溯源的理论研究。理论是灰色的，但是艺术之树常青。我们看到的现象是：一方面艺术家以各种各样的精神状态和生命历程向我们呈现他们的艺术作品；另一方面艺术理论的研究者不断地提出各种思想和主义来解释艺术，艺术理论家表现出来的理论热情让我们又清晰、又迷惑地在各种概念和各种体系中徘徊。这恰恰印证了我们常有的一种感受：形象大于思维。艺术作品摆在那里的时候，人们对它的解释有时会使艺术家本人不知所措。

面对艺术作品

我们终于有了一个机会，可以直接面对艺术品，而不是面对关于艺术品的理论。在这一讲里，我们要游走在艺术作品的世界，但是由于艺术品的世界呈现出过于五彩斑斓的景观，我们还必须给它一个层次的划分。我们首先尝试给艺术作品一个解释；其次，我们以艺术作品为例来看一个表面简单的作品也可能有着复杂的内在结构；最后，我们以时空的经纬描画艺术作品所能体现的最高的精神文化境界。

为什么我们不给艺术一个解释而是对艺术作品进行解释？因为关于艺术的解释已经有很多，并且每一种解释的源头都不同，难以作出价值的评判。目前关于艺术的解释很多，有时从艺术的本质出发，有时从艺术的起源出发，有时从艺术的特征出发；关于艺术，研究者们希望得到一个可以适用于所有时间段的解答。这就意味着不论是阿尔塔米拉的洞穴壁画还是达·芬奇的《蒙娜丽莎》，不论是凡·高的《星夜》还是蒙德里安的《百老汇爵士乐》，不论是杜尚的《泉》还是《螺旋形防波堤》[①]，我们都可以把它们纳入艺术的定义中，并且言之成理。于是我们获得了许多关于艺术是什么的“句子”。这么多的句子确实令人迷惑。

摹仿论：艺术是对现实的摹仿。（持论者：柏拉图、亚里士多德）

游戏论：艺术是不带功利的游戏活动。（持论者：席勒、斯宾塞、桑塔耶纳）

理念论：艺术是理念的感性显现。（持论者：黑格尔）

情感论：艺术是情感的表现。（持论者：托尔斯泰、苏珊·朗格）

表现论：艺术是心灵的直觉表现。（持论者：克罗齐、科林伍德）

形式论：艺术是有意味的形式。（持论者：克莱夫·贝尔）

符号论：艺术是人类情感的符号形式的创造。（持论者：苏珊·朗格）

信息论：艺术是一种信息交流的工具。（持论者：奥斯本）

开放论：艺术是一个家族相似的系统。（持论者：维特根斯坦、莫里斯·韦兹）

惯例论：艺术即社会惯例。（持论者：乔治·迪基）

① 雕塑艺术家罗伯特·史密森于1970年用玄武岩和泥土创造而成的大地艺术《螺旋形防波堤》，螺旋长1 500米，一直延伸到湖深处。

」罗伯特·史密森《螺旋形防波堤》

意图论：艺术是人的一种“意图”。（持论者：H. 布洛克）

我们可以设想在一个大房子里存放了许多东西，有图画、乐谱、小说、陶器、家具、石头、面包、自行车等，我们请一个人进去把其中的艺术品取出来，即使这个人不知道艺术的定义，他也一定大致知道该取哪些东西；但是，如果你请这个人去拿有意味的形式或者一种信息交流的工具，或者表现人们“意图”的东西，他可能会感到踌躇和茫然。艺术的定义在这里不是使人清晰，而是使人感觉模糊。人们凭直觉和经验可以判断什么是艺术，但是用艺术的概括性特征来解释艺术却加深了我们对艺术的迷惑。所以在艺术的定义面前，我们只好沉默，因为这是不能说的东西。艺术的不能说在于艺术是一个从过去走来，也在向未来奔去的概念。用固定的艺术定义来解释丰富变化的艺术现象必然要顾此失彼、捉襟见肘。传统艺术与现代艺术、后现代艺术的矛盾，纯艺术与原始艺术、大众艺术、实用艺术的矛盾，静态艺术与动态艺术的矛盾，物质形态的艺术与非物质形态的艺术之间的矛盾等一系列的矛盾让艺术无法定义。所以，我们在这里绕开艺术的定义，直接走向艺术作品，我们尝试给具体的艺术作品一个解释。

“艺术是什么”的问题，不是一个通过定义可以解决的问题，而是一个需要在人生世界中不断体验和思考的问题。体验和思考成为了我们面对一个个艺术作品时的常规心态，我们的内心所涌动的激情，我们的感觉所面临的挑战，都在具体当下的艺术品面前得到体现。如何解释一个艺术作品？实际上，每一件艺术作品都为我们呈现了一个有价值的、有意味的世界。这个丰富的世界公正地摆在每个人面前，文化底蕴、审美能力参差不齐的观众面对它，会惊叹：色彩非常的奇特；造型十分的别致；结局实在太悲惨了；这句话太幽默了；这块木头也是艺术品吗；这样的画我也会画；我看不懂这个故事……每个人面对艺术作品都表达出了自己最真实的感受，这种感受不完全是主观的，而是作品客观呈现出来的。我们综合所有艺术作品的客观呈现，会发现每一个作品都是一个多层结构，每个观赏者可能只注意到了令自我感兴趣的部分。但无论怎样，艺术的愉悦和艺术的超现实体验是艺术作品带给每个个体的真实感受。我们可以尝试这样解释艺术作品：每一个艺术作品的存在都是有意义的，每个艺术品都可以被划分为多个层次，不同作品展示不同的审美风格，能够给人们带来丰富的情感体验。在每个可以被多层分析的艺术作品中，传统艺术可以得到明晰的层次展示，并且更容易深入到内在的丰富底蕴中，非传统艺术常常表现为层次的单薄或缺失，艺术的观念性被夸大和提升。传统艺术依靠自身的艺术性和技术性因素诉说自己的内涵，非传统艺术依靠艺术家或者接受者的理解来诉说自己的内涵。如果说我们可以对艺术性做一个等级划分的话，在包括传统艺术和非传统艺术的艺术作品集合中，存在一个艺术性强和弱的差别，存在一个观念性强和弱的差别。所以，我们不谈艺术的微言大义，我们只从具体作品的具体分析出发，也许会在看似偶然的体验中，获得一种历经沧桑的彻悟，这会最终启示我们对艺术的更多领悟。

艺术作品的层次

艺术品可以简单分成内容和形式两个层次，以方便于研究和赏析作品。事实上，具体存在于同一作品中的内容和形式可以分析和感受，却不能割裂，内容和形式是相互渗透的范畴。布鲁克斯说："诗人不会先选一个抽象的主题，然后用细节把它装扮起来，恰恰相反，他必须创造各个具体细节，展开细节，通过细节的完成，达到由细节应达到的无论什么样的一般意义。"[①]这意味着不同的形式就有不同的意义，新的形式必须造成新的内容。不存在没有形式的内容，也不存在没有内容的形式。形式给予内容以存在的样子，内容给予形式以存在的实质。

分析艺术作品有时分成三个层次。比如桑塔耶纳把艺术作品分成：材料、形式和表现三个层次；杜夫海纳把艺术作品分为艺术质料、主题、表现性三个层次。当然也有分为四个层次或更多层次的，比如茵加登认为，文学作品有四个层次：1. 字音，2. 意义单位，3. 图式化方面，4. 被再现客体。在四层之外，作品还有一种形而上的品质，比如悲剧性、崇高等，但茵加登认为这一品质是难以获得的；加拿大的弗莱集中了原型批评和结构主义的思想，也用多层结构的思想分析艺术作品：对于文学来说，第一层是词汇层，第二层是描绘层，第三层是形式层，第四层是神话层。三层或四层的多层结构都显示出一种努力，就是从最确定的外层起，层层推进，让最后的东西敞亮出来，对深层意蕴的挖掘是人类坚信艺术一定有意义的证明。但是，意味或意蕴这些语言难以把握的东西正是传统艺术和非传统艺术的分水岭所在。所以，我们在以多层分析的说法来考量艺术作品时，我们会发现在现代艺术和后现代艺术中，意味和意蕴成为了一个公然悬搁的层次，并且以这种方式证明了这些反传统艺术自身的价值。

中国文化的艺术作品研究也践行了这种多层分析的结构。中国古人讲书法，王僧虔《笔意赞》说："书道之妙，神采为上，形质次之。"刘勰在《文心雕龙》中论述文章说："以情志为神明，事义为骨髓，辞采为肌肤，宫商为声气。"绘画上，谢赫的"绘画六法"，包括"气韵生动、骨法用笔、应物象形、随类赋彩、经营位置、传移模写"。顾恺之说："四体妍媸，本无关妙处，传神写照，正在阿堵中。"中国化的语言中包含了这样一种思路，就

① 转引自张法：《中西美学与文化精神》，北京大学出版社1994年版，第176页。

是中国人喜欢用人体结构作为艺术分析的层次，并且特别重视“神”这种虚灵化的精神追求，所以中国式的艺术作品分析结构可以概括为“神、骨、肉”，或者还可以简化为“形”和“神”。中国的以人体结构为艺术结构的审美习惯表现为理解中国作品多是描述整体印象，用简洁的三言两语，就可以概括一个具体的作品，像“道”和“仁”这样的概念一样，需要个体不断地体悟。比如司空图的《二十四诗品》，二十四品，用两字的精炼性词组作题目，用一首四言十二句的诗描述题目之境。比如：

典雅

玉壶买春，赏雨茅屋。坐中佳士，左右修竹。白云初晴，幽鸟相逐。眠琴绿阴，上有飞瀑。落花无言，人淡如菊。书之岁华，其曰可读。

司空图《二十四诗品》之一

这首诗表现诗境，应该是陶渊明的《饮酒》其五：采菊东篱下，悠然见南山；表现画境应该是崔子忠的《云林洗桐图》。

画中戴着士冠、有着飘然长须的人就是倪云林。云林洗桐，历史上确有其事。倪云林有洁癖，并且追求远离尘嚣的生活。他生活的空间里不仅有古彝名琴，图书万卷，而且充满佳木异卉，奇香灵草。倪云林作为明清以来艺术家中的典范，不仅有着独特的生活情趣，而且具有高尚的情怀，他愿意不断回归生命的原初状态，体会生命的温情。“云林洗桐”就让我们在温暖的阳光下，体会人物、风景、器皿的古雅和洁净，体会人与自然之间的内在交流，从而获得内在的典雅趣味。

这样就引出了一个现象，中国作品更重视“神”的方面，也就是对形而上的感受非常推崇。但是，要想令这种韵味悄然流出，“骨、肉”的层面也无疑是非常重要的。总之，无论中西艺术作品，无论古今艺术作品，我们都可以进行多层次的结构分析，我们可以从分析的结果中感受到中西方的差异，古今的差异，传统与现代的差异。

无论把艺术作品分成几个层次：两个、三个或四个，其实都是为了更好地让艺术作品的意味呈现出来。艺术的味道来自艺术品的材质，来自艺术品的形式，也来自艺术品的意味，即内涵。我们就从这三个层面来分析艺术品。

1. 材质层

崔子忠《云林洗桐图》

2. 形式层

3. 意味层

材质层

艺术作品必然要有物质材料作为物质载体。海德格尔说：“即使享誉甚高的审美体验也摆脱不了艺术作品的物因素。在建筑品中有石质的东西，在木刻中有木质的东西，在绘画中有色彩的东西，在语言作品中有语音，在音乐作品中有声响。在艺术作品中，物因素是如此稳固，以致我们毋宁反过来说，建筑品存在于石头里，木刻存在于木头里，油画在色彩里存在，语言作品在语音里存在，音乐作品在音响里存在。”[①]

季羡林在谈李商隐诗时，曾说：“义山诗词词藻华丽，声韵铿锵。有时候不知所言何意，但读来仍觉韵味飘逸，意象生动，有似西洋的pure poetry（纯诗）。诗不一定都要懂。诗的词藻美和韵律美直接诉诸人的灵魂。汉诗还有一个字形美。”[②]这里，季羡林讲了一个语言的音乐感问题。我们对文学作品的感知，如果从材质入手，首先的感觉就是语音，语音的押韵和对偶，双声和叠韵等。比如：

锦瑟无端五十弦，一弦一柱思华年。

庄生晓梦迷蝴蝶，望帝春心托杜鹃。

沧海月明珠有泪，蓝田日暖玉生烟。

① 海德格尔：《艺术作品的本源》，《海德格尔选集》上册，三联书店1996年版，第239页。

② 转引自叶朗：《美学原理》，北京大学出版社2009年版，第266页。

此情可待成追忆，只是当时已惘然。

——李商隐《锦瑟》

这首诗首句入韵，然后每句末字都入韵，“弦、年、鹃、烟、然”都有相同的韵尾，并且都是平声韵。由“泪”到“烟”，由“忆”到“然”，语音的节奏经过了一个由仄声韵到平声韵的变化，好像内在感情的沉吟转折，从一个暗哑的情绪走向茫茫的虚空状态。这里的韵律美，怎么说呢？感觉它不是像长江大河那样波涛澎湃，而是如山间泉水，顺势而下，遇到山崖绝壁，自然飞瀑流泄，别有一番生气。这里的辞藻美，“蝴蝶”、“杜鹃”一组美丽而带有悲剧色彩的动物，以飘忽不定的姿态衬托美好的理想以及理想的破灭。“珠有泪”、“玉生烟”两个主谓结构的词组，表达了理想的破灭和对未来的希望。最后“惘然”一词中，“然”字作为一个虚词，把忧伤的情绪导向极致。我们不难体会到整体诗的情感不是凄切感伤，而是深沉。这种深沉的人生感悟和哲理思考在这些感性的有表情的字眼中缓缓流露出来。如果对比一下“大江东去，浪淘尽，千古风流人物”这样仄声收尾的慷慨激昂的诗句，对比一下“杨柳岸，晓风残月”这样仄声收尾的词的低沉、黯淡，就可以更加明显地感觉到《锦瑟》的含蓄委婉，娓娓道来。

“范文正公作《严先生祠堂记》，收尾四句歌是：‘云山苍苍，江水泱泱，先生之德，山高水长。’他的朋友李太伯看见，就告诉他：‘公此文一出名世，只一字未妥’。他问何字，李太伯说：‘先生之德不如改先生之风。’他听了很高兴，就依着改了。‘德’字与‘风’字在意义上固然不同，最重要的分别还在声音上面。‘德’字仄声音哑，没有‘风’字那么沉重响亮。”[①]可见，领悟文字的声音节奏，实在是一件极有趣的事。这里不仅有耳朵的问题，还有筋肉感觉的问题。语调铿锵、节奏感强的文字，读来如同身体的锻炼。语调舒缓、富有音乐美的文字，读来就如山间闲游，峰回路转、曲径通幽。

① 朱光潜：《谈文学》，广西师范大学出版社2004年版，第55页。

雕塑中有石头的感觉，绘画中有色彩的感觉，这样一种感受放在中西不同的文化系统中，我们可以分别获得不同的质感。我们以有女性人物的艺术作品为例来说明。

中国画采用墨、颜料和毛笔在宣纸或者绢帛上作画。不受焦点透视的束缚，采用散点透视，画中的物象可以随意安排，打破了时空的界限。魏晋时期顾恺之的《洛神赋》，描绘想象中的洛神与曹植相遇的场景。其中洛神的形象从色彩上看比较暗淡，从身形看比较消瘦，从整幅画的视觉感受来看比较古旧，人物仿佛在太久的时间岁月中被风干了水分，只剩下一缕精神在传递情感。这种感觉来自中国画的独特效果，人物不是真实地描画色彩和身材，色彩要“随类赋彩”，树叶有固定的颜色，人物着装也有大致的分类画法，整幅画的光与文化的阴阳学说相联系，比单个事物之色具有更重要的地位，所以，整幅画都是由墨取色。水墨是中国画的色彩，墨分五彩，“运墨而五色具”。所以我们感觉不到神话女子洛神的身材和色彩，感觉到的只有暗淡和古旧的味道。虽然略加点染了一点色彩，但

马约尔《地中海》

是由于没有真实的光照进来，我们看不清洛神的表情，只是有着毛笔勾画的独特韵味。毛笔的线条感带来了女性身形的婀娜多姿和衣袂飘飘。有论者认为：中国传统绘画中的仕女，人物只有衣服，衣服下面没有肉体，轻如无物。在这里也是如此，洛神随时可以临风飘举，飞出尘世的视野。

马约尔是一位善于刻画女性美的艺术家，《地中海》是他用女人体来比喻大自然的一系列雕塑作品之一。这个象征着“地中海”的裸体女子身体健美、四肢粗壮、姿态优美。她右手支持着身体，左手向前托着低垂的头，神态含蓄而安详，如同坐在地中海的海滩上，低头冥想。青铜的质感带来了结实的肉感。雕塑是可以通过抚摸来进行欣赏的。中国人的艺术欣赏多是远离人间烟火的静观，尤其是女性，不但静止，而且空寂。西方雕刻就是要给你重量、给你质量，给你合适的面积和体积，让你在真实的肉体上感觉温度和柔软。马约尔把女人体当做“地中海”的代表。人体在光线的照耀下，皮肤光滑丰腴，充满茁壮的生机，像地中海一样，虽然表面平静但内里却蕴涵了无限的生命和永无休止的律动。金属的光泽加强了肉体的光泽，或者取代了肉体的光泽，坚硬的材质让这个女性的身体永不衰老，永远质感丰盈。低头的沉思让女性的美欲盖弥彰，扭曲的身姿带来曲线的柔和变化，这一切都使得西方文化中的裸体造像充满生命感和现实的人生感。

提香的《花神》与“洛神”相比，并不过于明亮和艳丽，但是，柔和的光线照亮了她的肌肤和衣服的褶皱。我们在花神的形象上看不到笔触和色彩，映入眼帘的是真实的秀发、肉体和服饰，它们之间所特有的节奏韵律恰似一首优美和谐的交响乐曲。在这张半身肖像画中，我们看到真实的丰满的肉体，大面积的肌肤裸露着，让我们体会接近神性的光辉和色泽。这种效果的获得是和油画的独特技法和手段分不开的。油画用油质的颜料在布或木板上画成，它的特点就是色彩丰富鲜艳，能够充分表现物体的质感，使描绘对象显得生动逼真。油画颜料具有较强的覆盖力，十分讲究明暗、透视、色度、色性等科学原则。所以，从“花神”中我们看到了真实的头发，棕黄、卷曲、致密、厚重。我们体会到真实皮肤的质地：细腻、柔软、温暖。这是真实的女人体，可以从画中走出来，和我们相见；而我们则不敢想象“洛神”可以在生活中存在，她就像是一个女性的剪纸，单薄而没有生命，但又具有神秘而悠远的魅力。

安格尔的《浴女》被明亮的光照着，连同整个背景都很明亮，女性的身体袒露无遗。这样的作品撷取了真实生活场景的瞬间，让我们得以跨越时空的距离欣赏到这个美丽的背影。半明和半暗的调子在这柔嫩的背上颤动着。色彩虽然相当简单，却充满迷人之处。绿色厚重的帘子、浅黄色调的身体、奶白色的床单、白色带浅红的包头巾一一安排在一个平面上，非常简洁，却无限和谐。每一点色彩都仿佛很慎重地保持着低调，不敢超越肉体的光辉，每一点色彩都用来衬托肉体的温度和光洁，色彩在这里都是无力的，只有肉体才是主题。西方艺术中的人体和中国艺术中的人体通过不同材质的体现，各自显露内在的文化精神。

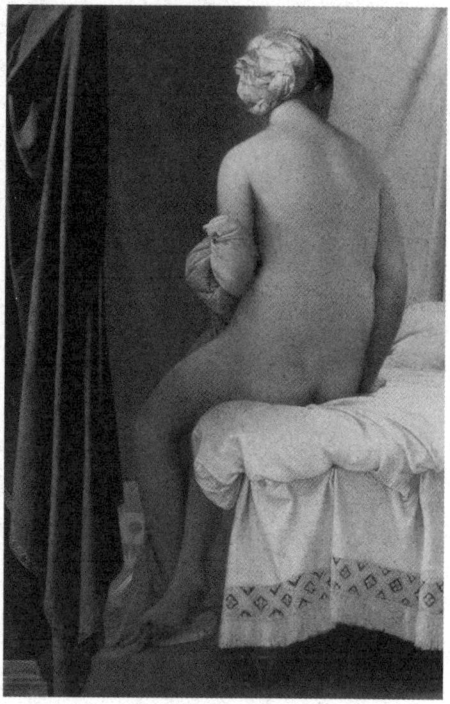

「提香《花神》」「安格尔《浴女》」

形式层

形式层是和材质层相联系的。形式赋予材质形式，所以通过形式层，我们可以意识到艺术作品已经是一个造型的呈现。这种形式看起来是形式，但实际上已是包含了内容的形式，形式美的意义不仅仅在于造型设计、色彩搭配、语言选择、还在于形式本身传递出一种感受，这种独立且独特的感受，会对意味层的显露有相当重要的意义。比如马远的《寒江独钓图》和米勒的《晚钟》。

首先看宋代马远的《寒江独钓图》，这幅画的首要感觉是“静”，这种静的感觉来自江水中的一条船，这条船以接近水平的姿态停靠在水面上，伴之以细碎、舒缓的水波纹。这幅画取自唐人诗境“孤舟蓑笠翁，独钓寒江雪” 。同时大片的空白，表现出了烟波浩淼的江水和极强的空间感。单独的一叶扁舟，既显出孤单，也衬托出一种寒意萧瑟的气氛。在中国画中，“空白”具有独特的意义，空白不是虚无，中国画家把这叫做“计白

马远《寒江独钓图》

米勒《晚钟》

当黑”，这样更可以显示出“实”的意义，这也就是中国文化所张扬的“虚实结合”。这里，水平线、空旷和空白的形式要素带来了静寂、冰冷、萧瑟的气象，这种形式是直接启示内容的形式。

米勒的《晚钟》，我们看到，以遥远的地平线为背景，近处有两个立在暮色中的身影，他们是一对勤劳的男女，大约在黄昏时分，他们即将收工回家，突然听到了远处教堂晚祷的钟声，于是，他们停下来，双手合十，虔诚地进行祈祷。他们两个并不高大的身影，表现出一种庄严肃穆的气氛。这是一种从垂直线的形式感中带来的感受，垂直线高扬、升腾，令人清醒，也提示严肃。这和十字架的造型，和纪念碑的造型，和教堂的造型构成一种内在的相关性，都从大地走向天空，仿佛精神要努力逃脱肉体的束缚，无限飞升。

考察《晚钟》上两个人物的位置，我们会发现，他们分别处于水平线的两个黄金分割点上，这样的位置令人感觉最美，有论者认为：把物体放在黄金分割点上，人们在观看的时候，最省力，因而感觉愉悦。有类似布置的作品有米勒的《牧羊女》、齐白石的《红叶》。

画中的“牧羊女”和“红叶”的主体，都处在黄金分割点上，我们如果尝试改变它们的位置，就会感觉不好。这也许不是一种理智的计算，而是出于一种艺术的直觉。艺术家总是对形式的把握有自己的敏感。画面布置，作为形式美的重要来源，对于画面的整体审美效果至关重要。

进一步体会，会发现艺术作品的形式层直接决定了艺术的审美效果。如果你观看中国园林，会发现园子中几乎没有直线的道路，道路总是峰回路转、高低错落、依山傍水、曲径通幽，这是因为园林要刻意营造气氛，园林中的曲线设置是要使游览者在行走时随意曲折、左右顾盼，使行程延长，使趣味加深。曲线，让人心生柔软，比如石拱桥、月亮门也都有这种趣味。

直线是刚性的，曲线是柔性的，直线和曲线作为基本的形式美要素，把特定的材质组织成各种各样有意味的形式。色彩也是形式美的重要组成部分。理论家们研究色彩甚至总结出了各种颜色的性格特点。比如红色、橙色最温暖，蓝色、绿色最冷，浅色轻盈、深色沉重，红色令人兴奋，蓝色使人安宁等。京剧的脸谱就是用颜色语言表达人物性格特点，可以说脸谱是浓缩了内容的形式。

红色脸，象征忠义、耿直、有血性，比如关羽；黑色脸，既表现性格严肃，不苟言笑，如包拯；又象征威武有力、粗鲁豪爽，如张飞、李逵；白色脸，表现奸诈多疑，如曹操；金色脸，象征威武庄严，表现神仙一类角色，如如来佛、二郎神。

米勒《牧羊女》

齐白石《红叶》

沧浪亭一角

拙政园一角

「关羽脸谱」「二郎神脸谱」

意味层

意味层是我们分析艺术作品的最后一个层次。这个层次可以相当于我们通常所讲的意蕴层或形而上层。这一层次既包括艺术作品的内容，也包括内容之上弥漫的思想，这一层既包括可以用语言把握的内容和意蕴，也包括用语言难以形容的味道和感觉。

“待渡”是中国山水画中常见的题材。乘一叶扁舟，顺流而下，“两岸猿声啼不住，轻舟已过万重山”。舟是古人主要的交通工具，不论是唐朝的李白、杜甫，还是离骚时代的屈原，都可能因为傍水而居而选择乘舟出行。在山水、舟楫之间，他们感叹人生、表白心境。“即从巴峡穿巫峡，便下襄阳向洛阳”，听到胜利的消息后，杜甫快乐地傍水而行。屈原被流放、颜色憔悴地在汨罗江边散步，渔父笑着唱歌给他听：“沧浪之水清兮，可以濯吾缨。沧浪之水浊兮，可以濯吾足。”就连孔子在更遥远的过去，也曾在川上曰“逝者如斯夫”！中国文化与水的关联是永恒而诗意的。绘画作品也常在一江春水、满树桃花中表现时光的易逝，人世的无常。

盛懋《秋江待渡图》

“待渡”的关键在于“待”，这是现实的等待，也常启示精神的等待。宽阔的江面、氤氲的云烟，小船就像渺茫的希望，不知何时才会来到我们面前。在这喧嚣的尘世，每个人都有太多的企盼和期待。“何当共剪西窗烛，却话巴山夜雨时”是恋人之间的思念，是期盼久别的重逢；“会当凌绝顶，一览众山小”是理想的期盼，渴望能够成就一番伟大的事业，大有作为 ；“明月几时有，把酒问青天，不知天上宫阙，今夕是何年”的询问包含的也是一种对“但愿人长久，千里共婵娟”的期盼。人生的期盼、等待如此之多，每个人都是那个等待渡河的人，等待有一条全知全能的小船，载我们去心灵的彼岸。

“等待”本应是焦灼的，是痛苦的，但是《秋江待渡图》中等船的人，却在秋风萧瑟的江边表现得神情散淡，他们席地而坐，随时准备饮酒，或者品茶，他们似乎知道人生的等待不可奢求，如果达就兼济天下，如果穷就独善其身。关键是要在当下的每一个瞬间，体会人生的乐趣。一片山水就是一片心灵的境界，就是一个自己随身携带的家。北宋画家郭熙说山水有可行可望，又有可居可游，然而最好的是可居可游，因为可行可望是外在的，可居可游是将人的情感置于其中，化入其中，与这片自然共担风雨。这个渡口对观众来说仿佛是一个熟悉的渡口，我们也在此体验过送别和远行。我们似乎可以走入图画中，与待渡的羁旅一起等待，在“劝君更进一杯酒，西出阳关无故人”的伤感中，体会“海内存知己，天涯若比邻”的释然和欣慰。

人生苦短，但是欲念总还是不断涌现出来，每一个愿望满足之后，就会有新的愿望出现，所以人生总在等待中度过，等待我们的命运之船静静驶来。现代人精神的焦虑表现在现代生活的快捷、高效。古人的等待，古人的悠然，在古老的渡口边，在自然风景的映衬下显得那样苍老和古拙，这是都市人久违的乡愁。“碧云天，黄花地，北雁南飞，晓来谁染霜林醉，总是离人泪”，离别本来是伤感的，等待本来是痛苦的，但是艺术可以把忧伤装饰得抒情和唯美。你看，这个有着雁群、芳草、江水、远山、雾霭、扁舟、友人、古树的画面，一切是那样的诗意和淡泊。美就像花香，还是淡一点的比较好。就如同这中国的山水，只有墨色的浓淡显示物象、风景、人物的风姿，就像这江面，一片空白，给心灵留下自由徜徉的空间。

再看余光中的诗：

乡愁四韵

给我一瓢长江水啊长江水

酒一样的长江水
醉酒的滋味
是乡愁的滋味
给我一瓢长江水啊长江水
给我一张海棠红啊海棠红
血一样的海棠红
沸血的烧痛
是乡愁的烧痛
给我一张海棠红啊海棠红
给我一片雪花白啊雪花白
信一样的雪花白
家信的等待
是乡愁的等待
给我一片雪花白啊雪花白
给我一朵腊梅香啊腊梅香
母亲一样的腊梅香
母亲的芬芳
是乡土的芬芳
给我一朵腊梅香啊腊梅香

——余光中

在这首诗中，余光中依次选用了四个极具中国特色的意象来抒发诗人久积于心、耿耿难忘的乡愁情结。分别是：“长江水”、“海棠红”、“雪花白”和“腊梅香”。

“长江”是祖国母亲的象征，并且长江和黄河一起成为了中国文化的精神支柱。这两条大河经常艺术化地代表中国，因为水能滋润和哺育万物，能给干渴的旅人以希望，所以，提到长江水，对远在海外的游子来说，可以以水代酒，一解乡愁。选取长江作为情感“意象”，是因为长江一直以来的精神影响力使其已经成为中国文化的符号。“日暮乡关何处是，烟波江上使人愁”；“滟滟随波千万里，何处春江无月明”。江水使人激昂，使人思念，也使人进行哲理的思考。

“海棠红”是“红海棠”的倒装，这样倒装之后，与前后的意象可以更好地照应，让读者不仅注意海棠，而且注意血红的颜色。红色与乡愁的关联，看似隔膜，其实深切，“庄生晓梦迷蝴蝶，望帝春心托杜鹃”，杜鹃啼血表达最深情的依恋。苏轼有《海棠》诗说：

东风袅袅泛崇光，香雾空蒙月转廊。
只恐夜深花睡去，故烧高烛照红妆。

微风轻拂着海棠，海棠泛出华美的光泽。特别是孤寂黑暗的夜色里，月光在回廊里若隐若现，同时海棠又散发出幽香，这实在令人流连忘返。海棠如此可爱，令人怜爱，于是，诗人不愿一个人睡去，他要在黑夜里点燃蜡烛，继续观赏海棠优雅脱俗的美。这种牵挂，不仅仅是对花的牵挂，更是诗人对美丽易逝的风景表现出的“一往情深”。这种一往情深令人想到魏晋时期的桓温，在经过长期在外的征战后，见到年少时种的柳树已经可以“十围”，于是慨叹说：“木犹如此，人何以堪？”然后他“攀条执枝，泫然流泪”。余光中，也是以游子的心态怀念家国，他的怀念不是激流、不是瀑布，而是花木掩映中唱不出歌的古井。他的怀念寄托于窗前的海棠，红艳浓烈，有着啼血的深情。

“雪花白”的意味不仅在白，也在“雪花”，由白而联想到雪白的信纸，那有着“烽火连三月，家书抵万金”的厚重；由雪花，想到弥漫和迷离。雪景令人清醒、冷静，也让人气韵高清、不近凡尘。在中国艺术的语汇中，雪总是和人的精神境界联系在一起。雪是干净的，我们在雪中，可以洗涤心灵的尘埃；雪是冷寂的，给人凄凉，但使人获得深深的内心体验，和这个喧闹的世界形成鲜明对比。在雪中，人们获得心灵的休歇，“闭门空有雪，看竹永无人”（司空曙）。雪给人带来性灵的怡然和宁静。

雪景在中国画中也是一个永恒的主题。雪成为了一个能彰显人的生命感受和情绪意志的对象，雪对人的激发甚至颇得酒的味道。于是古人说“晚来天欲雪，能饮一杯无”（白居易）。雪令人心旌摇荡，下雪的日子，人的生命中蛰伏的东西会突然跃现出来，灵光突然照耀人生。诗思“在灞桥风雪中”，在“驴子上”，这是中国诗学中一个由来已久的趣话，面对片片白雪，诗意的大门总是会被乡愁的寂寞撞开。于是，雪花白成为乡愁最好的表白。

腊梅，有着怎样的幽香呢？为什么那是母亲的味道？我们的文化从来不去给梅花太多华

范中立别
號寬陝西
華原人
上以茲畫特
賜內閣大學
士商亚
宋公玄平先
生畫之博大
奇奥气骨玄
邈用荊關董
巨運之一機而
靈韻雄邁允
為古今第一
佗如薄淺卑
隘小小脊致譬
莒邾小國本非
坫壇盟長
公以第一流人
錫天下第一畫
懋昭道德勳
業對揚
休命眞博大亦
可知已

范宽《雪山萧寺图》

丽的辞藻，就像我们对母亲的爱，只是爱得深沉。情到深处，语言就无力了。描绘这种香，也只是暗香。宋朝的王安石写梅花说：墙角数枝梅，凌寒独自开。遥知不是雪，为有暗香来。同是宋朝的林逋写梅花说：疏影横斜水清浅，暗香浮动月黄昏。

中国文化让我们习惯了梅花的清幽，也让余光中把它当作对母亲的记忆。诗人的回忆是有味道的，这就是乡愁的味道。腊梅的清幽之气，仿佛是一个模糊的路标，永远牵引着流浪的游子走向归乡的道路。

余光中的诗，植根于中国文化中四个性灵的意象，以具体的神情和浪漫的语言来呼唤乡愁。乡愁在醉人的江水、沸血的海棠、雪白的信笺和暗香的腊梅中变成了日常生活中可触可感的体验。乡愁是什么？纳兰性德说：山一程，水一程，身向榆关那畔行，夜深千帐灯。风一更，雪一更，聒碎乡心梦不成，故园无此声。（《长相思》）乡愁是可以传递，可以共鸣的，因为文化的深层血脉的涌流是可以跨越时空的，不论古今，不论在故园还是他乡。乡愁在纳兰性德这里是被水浸润的，是被雪覆盖的，“水”和“雪”于是成为了中国文化中“乡愁”的象征。

“渭城朝雨浥清尘，客舍青青柳色新”，送别的时候，正下着小雨，“水”的湿润和心灵的澄澈之间互为表里。“水”可以是江水，成为故园的回忆；水可以是雨水，迷离凄切，如执手相看分别的泪眼；水可以是酒水，一饮离别的慷慨失意；“水”可以留在诗里，“水”可以留在画里，阻隔乡愁的彼此。体会艺术作品的意味层，意味层就在这“水”里。

以上我们从材质层、形式层和意味层来对艺术作品作了多层的结构分析。这一分析的结果是，我们可以发现艺术作品的结构有着这样和那样的差异，有的作品只能分析出前两层，有的作品可以体会出第三层，这样我们就区分出了优秀的艺术品和一般的艺术品。一般的艺术品缺少第三个层次，因为在这样的作品中我们感觉不到艺术的文化精神，感觉不到审美体验中那种形而上的意味。传统艺术中，我们可以更多地感受文化的精神；非传统艺术中，我们面临更多材质和形式的奇异体验。并不是非传统艺术缺少文化精神，而是这种文化精神需要时间的考验，需要在一个漫长的体验过程中，逐渐深入人心，慢慢积淀为带有丰富理性内容的感性的形式。假以时日，我们会逐渐在达利或毕加索的作品中发现某种永恒的、后来的艺术中反复出现的文化意味和文化精神。希望在于未来。

请你思考

1. 通过对艺术作品进行层次分析，我们可以区分出优秀的作品和一般的作品，请在中外艺术作品中寻找一些例子，用实例说明哪些是有意味层的作品，哪些只有材质层和形式层。

2. 寻找并归纳中国艺术中的典型意象，比如“梅”、“兰”、“舟”等，并在中国文学、中国画中寻找包括这些意象的代表作品 。

延伸阅读

丹纳《艺术哲学》

本节我们开始对艺术作品进行分析，分析的过程就是让艺术品的美一层层得到显露的过程。无论把艺术作品分成几个层次：两个、三个或四个，其实都是为了让艺术作品的意味更好地呈现出来。艺术的味道来自艺术品的材质，来自艺术品的形式，也来自艺术品的内涵。在对艺术作品的讲述中我们谈到了线条和颜色的问题，我们感觉到线条和颜色都是感情的流露。这样的理解我们可以在丹纳的《艺术哲学》（傅雷译，人民文学出版社1963年版）中找到回应，所以，我向大家推荐这本书。

丹纳受到达尔文进化论的影响，认为世界上的一切事物，无论物质方面还是精神方面都可以解释。他的治学方法是“从事实出发，不从主义出发；不是提出教训而是探求规律，证明规律”。[①] 在他看来，物质文明与精神文明的

① 丹纳：《艺术哲学》，傅雷译，人民文学出版社1963年版，第2页。

性质面貌都取决于种族、环境、时代三大因素，所以他一切涉及批评与理论的著作，无处不提供丰富的史料作证明。所以他的《艺术哲学》同时就是一部艺术史。

在这里，我着重介绍本书的第五编、第四章之第四个问题：造型艺术品的各种元素。让我们体会在丹纳的讲述中，这些线条和颜色带有什么样的感情色彩。

“勾勒轮廓的线条，或是在轮廓线以内勾勒出凹陷部分或凸出部分的线条，也各有各的作用；直线，曲线，迂回的线，断裂的线，不规则的线，对我们发生不同的作用。”[①] 尤其是在人体造型中，线条更具有重要的意义。这些线条表现在人体上是一块骨骼或一根筋脉，但是从中我们可以体会到人物的身份、性格和生命状态，所以“所有的肌肉，骨头，关节，人身上一切细节都有独特的效能，表现不同的特征。一个医生的足趾与锁骨，跟一个战士的足趾与锁骨不同。身体上任何细小的部分都以形状、色彩、大小、软硬，帮助我们把人体分门别类。”[②]

线条和颜色都是形式的基本要素，人体包含了各种形式要素，因此文艺复兴的大师们苦苦研究人体，达·芬奇和米开朗基罗都曾学习解剖，研究人体的各个细节。“人体外部的细节是雕塑家与画家的宝库，正如心灵是戏剧家与小说家的宝库。一根凸出的筋对于前者的重要，不亚于某种主要习惯对于后者的重要。他不但为了要肉体有生命而注意那根筋，并且还用来创造一个刚强的或妩媚的人体。”[③]

古希腊的柱式既是精致的线条展示，也是糅合了人体灵感的杰作。“我们可以把人体比做一根柱子；直径与高度的某种比例使柱子成为爱奥尼阿式

①②③ 丹纳：《艺术哲学》，傅雷译，人民文学出版社1963年版，第404页。

④ 同上，第405页。

「 爱奥尼亚柱式

或多利亚式，姿势或者典雅或者笨重”。[①] 我们可以看一下古希腊柱式的具体状态。

多利亚式是强健的、朴素的和粗壮的，柱身直接立于基座上，柱身顶端的柱头由朴素的圆形垫石和正方形顶板组成；爱奥尼亚柱式是比较纤细和华丽的，柱身细长，柱头依照曲线向左右两旁缩成涡旋形装饰；科林斯柱式从

① 丹纳：《艺术哲学》，傅雷译，人民文学出版社1963年版，第405页。

某种意义上讲是爱奥尼亚式的更华丽的变体。按照人体比例和结构的考虑，这三种柱式也分别成为成年男性、成年女性和少女的象征。

关于颜色，丹纳认为："色彩的不同的配合给我们不同的印象；所以色彩的配合自有一种表情。一幅画是一块着色的平面，各种色调和光线的各种强度是按照某种选择分配的；这便是色彩的内在的生命。"[1] 他举例乔乔纳的

① 丹纳：《艺术哲学》，傅雷译，人民文学出版社1963年版，第406页。

「科林斯柱式」

「三大柱式」

作品《圣家庭》。“一片强烈的红色，先是衣饰的暗红几乎近于黑色，然后逐渐变化，逐渐开朗，在结实的皮肉上染上土黄，在手指的隙缝间闪烁颤动，在壮健的胸脯上变成大块的古铜色，有时受着光线照射，有时埋在阴影中间，最后照在一个少女脸上，象返照的夕阳。看了这些例子，你们就懂得色彩这个原素在表情方面的力量。——色彩之于形象有如伴奏之于歌词；不但如此，有时色彩竟是歌词而形象只是伴奏；色彩从附属品一变而为主体。”[①]

我们可以看看另外一幅乔尔乔内的作品《田园音乐会》，我们是否从中感受到了肉体在光的作用下特别的光泽和质感，着装的人，他的红色衣服也同样沐浴着柔和的光辉……

① 丹纳：《艺术哲学》，傅雷译，人民文学出版社1963年版，第407页。

第七讲　说是寂寞的秋的清愁
说是辽远的海的相思

——我们所知道的蒙娜丽莎

从织毛衣谈起……

“莎士比亚”是说不尽的，“蒙娜丽莎”也是说不尽的，当我们讲到这里的时候，我们就进入了有关艺术鉴赏的内容。艺术鉴赏需要学习吗？这首先是一个问题。

如果你给我一团毛线，说让我给你织一件毛衣，我会照直说，我不会。但是如果你给我一张电影票，说请我看电影，为了拒绝你，我只能说我没时间，而不能说我不会看。看电影和看小说、听音乐一样，似乎应该是无师自通的，虽然很多时候确实是“外行看热闹，内行看门道”。

艺术鉴赏和我们每个人密切相关。如果你相信人生不在于长度，而在于质量，如果你想让自己的人生充满更多的情趣，你就必须了解关于艺术鉴赏的知识。当我们把自己的生命“消磨”在小说、电影、绘画等艺术品中的时候，都应该让每一次优美的阅读成为一次相遇，遇见别样的人、别样的事、别样的风景。我们有限的空间、时间因此被延展了，我们的人生因此丰富了，我们通过作品丰富自己，又通过自己丰富的内在，去认识更多精彩的生命，更多别致的色彩，更多的曲线、音符、造型。于是艺术变得真正和我们的生命相关。

《朱光潜谈美》一书的最后告诉我们：艺术是情趣的活动，艺术的生活也就是情趣丰富的生活，所谓人生的艺术化就是人生的情趣化。“阿尔卑斯山谷中有一条大汽车路，两旁景物极美，路上插着一个标语牌劝告游人说：‘慢慢走，欣赏啊！’许多人在这车如流水马如龙的世界过活，恰如在阿尔卑斯山谷中乘汽车兜风，匆匆忙忙地疾驶而过，无暇一回首留连风景，于是这丰富华丽的世界便成为一个了无生趣的囚牢。这是一件多么可惋惜的事啊！”①

艺术鉴赏活动，就像是大家围绕着一个作品，从不同角度放飞自己的思绪，以这个作品为圆心，可以画一个圆，那么这个圆所覆盖的世界就是这个艺术品的内涵所在，只是这个圆会随时空的变化而不断扩大，对这个作品的解读会永远保持一种生命的状态。

从接受美学谈起……

文学的艺术作品并非对于每个时代的观察者都以同一种面貌出现，它像一部乐队的总谱，要由演奏者将它变成音乐，只有阅读活动才能将作品从死的语言材料中拯救出来并赋予它现实的生命。

——姚斯

姚斯的这句话大致是说，我们面对的每一件艺术品都好像是等待被奏响的音符，当它还以手写体或印刷体的姿态留在乐谱中的时候，它与我们的生活无关，这些音乐也是没有生命力的。只有在演奏家的演绎之下，我们的视听感觉与它接触，它们才真正呈现出来。我们听

① 朱光潜：《朱光潜谈美》，长江文艺出版社2008年版，第168页。

音乐、读小说、欣赏绘画作品，观看、触摸雕塑、建筑都是在进行“艺术的拯救”，在此意义上，欣赏者的存在是艺术存在的重要保证。

作为接受美学的代表人物，姚斯和伊塞尔是应该重点提到的，同时接受美学似乎也应该作为讲授艺术鉴赏的起点。我们首先可以给艺术鉴赏一个一般的定义：艺术鉴赏是指读者或观众、听众凭借艺术作品而展开的一种积极的、主动的审美再创造活动。然后我们联系接受美学来把这个一般的定义改写为我们可以操作的一个定义。

接受美学特别强调读者的中心地位。比如一个艺术作品，它的意义不会自动呈现给你，当你未读作品之前，它不过是一堆机械排列的字体，或是一部有待演奏的乐谱，或是一些线条、色块、光影而已。要使这部作品构成读者的审美对象，它首先得被人阅读接受，接受读者主体意志的考验，正是读者的阅读开启了作品的意义之门，使其得以真正存在。今天广泛流传的中外艺术精品就是在一代又一代人关注的目光下流传到今天，并且在今天接受我们再一次的注视。“一千个读者就有一千个哈姆雷特”，这样的说法也是因为经典作品的读者众多才有可能在理解上众说纷纭，因此也才有了莎士比亚研究、红楼梦研究等永恒的话题。

读者的位置之所以重要，我们可以通过接受美学的两个经典“概念”来说明，这两个概念都围绕读者来展开：“期待视野”和“空白”。

第一个概念是“期待视野”，是指在艺术接受活动中，读者由自身原先的各种经验、素养、审美要求、审美趣味等综合形成的对艺术对象的一种欣赏要求，在具体的欣赏活动中，表现为一种潜在的审美期待。读者的这种审美期待表现在他希望在艺术作品中获得他渴望的东西，而他的期待能不能获得满足，就在于艺术作品能不能达到这样一个要求：给读者以新鲜的感受，并且这种感受是读者能够接受的。既让读者感到振奋，又不会过分超前、曲高和寡。凡·高的作品在他在世的时候，备受冷落，人们不理解他的《星夜》，认为扭曲上升的树木、宛如漩涡般的星空是荒唐的作品。达利在人们心中，既是天才又是疯子。他的来自潜意识的，充满梦幻与荒诞色彩的作品从来就是毁誉参半。在达利和凡·高的作品面前，读者们表现出各种各样的期待视野，或者感觉这样的作品没有新鲜感，或者感觉过于晦涩、过于荒唐，无法接受。当他们的作品能够为人们所懂得，并且体会到其中耐人寻味的感觉，那么，这些艺术大师的地位才慢慢确立起来。

读者们期待视野的不同是由于读者之间有着强烈的个体差异。每个人的文化修养、审美趣味、生活经历、性格气质都各不相同，因此对同一作品的理解会表现出极大的差异，同

凡·高《自画像》

凡·高《星夜》

说是寂寞的秋的清愁　说是辽远的海的相思——
我们所知道的蒙娜丽莎

达利（公元1904年—1989年）

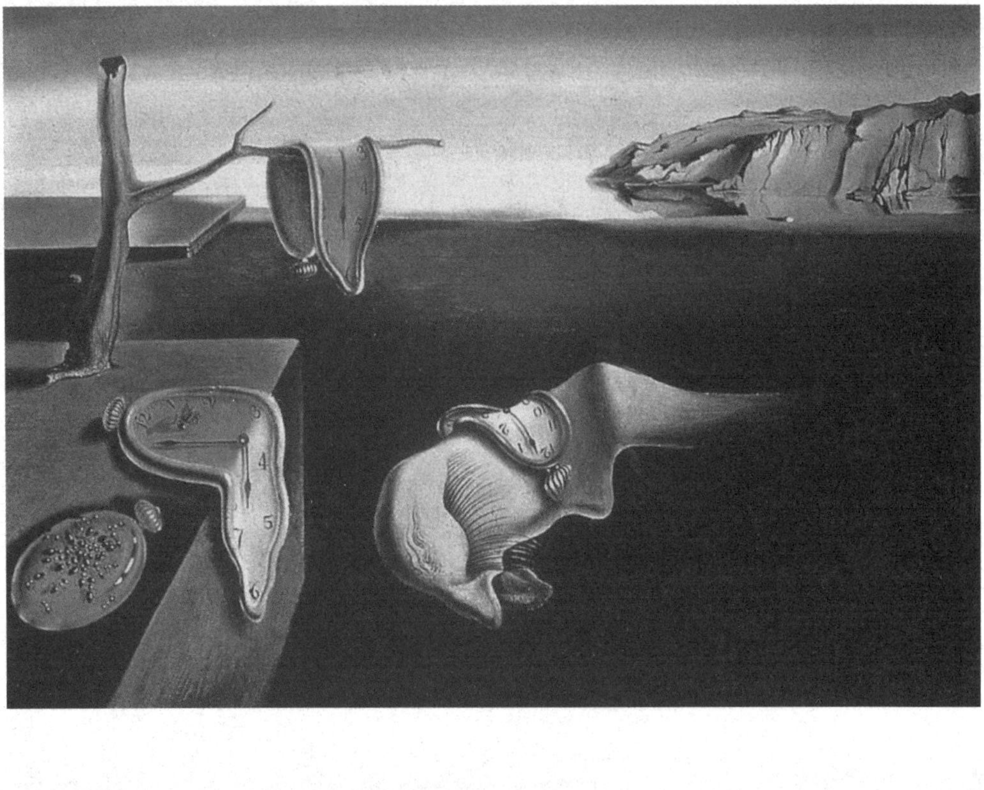

达利《记忆的永恒》

时读者赋予作品的意义也会各不相同。比如说赵树理的小说《小二黑结婚》，里面有一个人物叫三仙姑，她整天涂脂抹粉的，打扮得很艳丽，在我国传统的民族心理看来她是一个不正经的女人，作者本人也是以批判的态度来描写这个人物的。但是，在西方某些接受者看来，三仙姑是争取爱情自由的勇士。这种由于民族差异造成的理解差异其实可以举出相当多的例子。很多中国导演拍摄的电影，在中国反响平平，或者国人感到有些费解，拿出去参加西方的电影节，却屡屡获奖，大约这些电影某种程度上更加契合西方人的期待视野吧。再比如，白居易的著名诗篇《琵琶行》，描写了自己夜色中送客到浔阳江头，遇上失意的琵琶女弹奏的情景。在夜色笼罩的江面，在与友人分别的渡口，在“弦弦掩抑声声思”的缠绵中，诗人一边体会琵琶女的不幸际遇，一边感怀自己的落寞处境，从而涌起“同是天涯沦落人，相逢何必曾相识”的惆怅。于是，在演奏终了时，“座中泣下谁最多，江州司马青衫湿”。表面上看来，大家都很伤感，但是诗人由于自己独特的生活经历和性格气质，面对同样的故事却流下更多的泪。

同样，林黛玉听到有人演唱《牡丹亭》中的句子“只为你如花美眷，似水流年”时感觉“心动神摇”，又听到“你在幽闺自怜”，就越发“如醉如痴”，此时黛玉又想到她曾经读过的诗句“流水落花春去也，天上人间”，于是不由得闲愁万种涌上心头。青春的流逝、爱情的渺茫、寄人篱下的身世之感此时深深地交织在一起，这种眼含热泪，不知向谁诉说的痛苦在这个特定的时刻，突然被触动。于是她和这出戏之间产生了哀乐与共、休戚相关的“情感共鸣”。黛玉的期待视野有她的个体独特性，并且这种个体独特性使她收获更丰富、更强烈的情感体验。

第二个概念是“空白”，空白的地方是艺术品中没有写出来的部分，是文本向读者来暗示或提示的东西，需要读者运用自己的想象去填补。接受美学的代表人物伊塞尔认为，任何文学文本都具有未定性，它的存在本身就是一个“召唤结构”，具有很多“空白”，只有当读者将自己独特的体验和想象注入本文，将作品中的这些“空白”填充起来，作品才真正成了读者的作品。因此“空白”是优秀作品的特点和优点。关于“空白”的体验，我们可以从文学扩大到绘画、音乐、雕塑、建筑等一切艺术的文本中，我们都可以感受到“空白”带给我们的填补冲动，以及因为填补而让作品变得“此中有真意，欲辨已忘言”。

中国的传统艺术中所提倡的虚实结合其实也就是在提示“空白”的重要，清初画家笪重光在《画筌》中说得好：“空本难图，实景清而空景现。神无可绘，真境逼而神境生。位

「《打渔杀家》剧照

置相戾，有画处多属赘疣。虚实相生，无画处皆成妙境。”[①]这段话讲的是中国画利用“空白”之后所达到的理想境界。这和中国舞台艺术的布景以及表演有很好的相通性。中国戏曲舞台上一般不设置逼真的布景，仅用少量的道具如桌椅等，演员通过表演，灵活运用表演程式和手法，使人感到布景的存在。比如演员手中一根马鞭就表示正在策马奔驰，一只船桨作出划船的姿势就意味着荡舟江湖。尽管舞台上并没有马和船，但通过演员的表演动作，观众完全能够心领神会。观众们自己给这个舞台填了空，有些看戏投入的老人家，看到《打渔杀

① 转引自宗白华：《艺境》，北京大学出版社1997年第二版，第288页。

赣剧《荆钗记》海报

家》中萧恩和女儿撑起船来，左摇右晃的姿势，不由得会觉得晕船呢。

赣剧《荆钗记》中钱玉莲为了抗拒婆婆的逼婚而逃出家门时，用剪刀撬窗逃出来，但是我们看不见舞台上有窗；她来到江边后，用手撩拨着前进的动作，我们可以感觉到芦苇的存在；用听到狗叫声而凭空后退的动作让我们感觉到狗的存在；当她投江后，又用长达七尺的水袖不断舞动，宛若滚滚激流，我们可以感到波涛汹涌的江面正在吞噬一个弱女子。中国戏曲艺术的奥秘在于演员是随身携带布景的，这使舞台就变得清静，清静之余，人们会从演员身上获得补偿，而这种补偿是我们观众通过自己的艺术想象进行创造来完成的。这种将不完全的补充为完全的心理状态，格式塔心理学派把它称作为完形心理学。每个人都有完形的冲动，也可以说每个人都有填补空白的冲动。八大山人画一条生动的鱼在纸上，别无一物，令人感到满幅是水。白石老人的画册里画一枯枝横出，站立一鸟，别无所有，但令人感到用笔的神妙，令人感到环绕着鸟的是一望无垠的空间，是和辽远与神秘相联接的自由与渺茫，可以说是“神境”或“妙境”。

我们也可以从西方艺术的个案中来说明。《荷马史诗》中的海伦是众所周知的美女，美到可以“倾国倾城”，特洛伊和希腊城邦之间长达十年的战争就因为这个美女而爆发。“冲冠一怒为红颜”的故事被演绎得如此惨烈和漫长，人们不禁要问海伦到底有多美？可是荷马几乎故意避免一切片断描绘美，以至于我们在翻阅荷马史诗时很不容易才有一次获知海伦具有雪白的肩膀和金色的头发。但是这样的美女显然经不住推敲，荷马懂得如何让我们对她的美获得一个概念，而这一概念的表达远远超越了我们的预期。我们可以看到这样一段：特洛伊的长老们站在城墙上，看到在战争的阴影下，整个国家满目疮痍，于是纷纷谴责海伦，这时，海伦走了过来，那些尊贵严肃的长老见到海伦之后，忍不住彼此之间耳语，怪不得特洛伊人和希腊人进行了这么长时间的战争，为这个女人忍受这么久的苦难实在值得，看起来她活像是一个青春常驻的女神。为了这样一个女人，再打十年也值得。试想，还有什么能给我们一个比这更生动的美的概念呢？荷马没有写出海伦到底有多美，他给我们留下一个很大的想象空间。我们也可以将这看作一个空白，荷马让我们在海伦的影响里来认识她的美。我们根据自己的期待视野，放飞自己的想象力，可以将海伦想象成维纳斯，像是《维纳斯的诞生》中那个刚刚浮出水面的迷惘而忧伤的维纳斯，也可以把她想象成英勇聪慧的雅典娜，你心中的海伦是什么样的呢？

到我们来揭晓艺术鉴赏定义的时候了。前面说过，这是一个可操作的定义。联系我们讲过的“期待视野”和“空白”，我们认为，艺术鉴赏的过程就是一个填补“空白”的过程，借助我们的丰富内在，我们的性格、经历、文化底蕴去填补艺术作品中那些看得见的和看不见的空白。绘画和雕塑是静止的，我们要填补上它未呈现出来的动态的一面。建筑是静默的，我们要听到它内蕴的凝固的音乐，让我们在门窗、空间和阴影之间穿行，宛若交响乐的各个声部缓缓展开。我们的眼前仿佛走来一个一个小说中的主人公，他们像熟人一样和我们对话，而我们也知道如何对答。我们还会和画中人，和雕塑中的人物对话，告诉他们“我见青山多妩媚，料青山见我应如是”。请你来和我们一起填空吧！

波提切利《维纳斯的诞生》

波提切利《维纳斯的诞生》局部

从“蒙娜丽莎”谈起……

达·芬奇的《蒙娜丽莎》是大家都了解的艺术精品，就让我们以这幅作品为例来谈谈一般意义上填补空白的过程吧。

面对一幅画，我们说看画，画是客体，我们是主体，我们审视它、端详它、玩味它，无论它们的题材、内容是什么，它终究是作为“画”的身份显示在那里，作为欣赏的对象，听凭我们说“好”或“不好”的评语。这一般来说是我们和画的关系，我们处于一种安全而优越的地位，享受着观赏主体的愉快和骄傲。然而当我们走到蒙娜丽莎面前的时候，情形就不同了。这个画中的少妇，不是被我们看着，被我们欣赏着，相反，她也在看，在凝眸，在侧目，从眼角射过来的目光比我们更专注、更持久、更有深意。她是另一个主体，与我们比肩的主体，她简直要把我们每一个徘徊在她面前的过客看成一幅画、一个雕塑。我们主体的地位被动摇了，我们主体的自信被遗忘了，遗忘在这深邃的目光里，遗忘在这穿越千年的微笑里，神秘且迷惘。摇曳的诱惑，带有毛皮质感的眼神，交叠的手势，清辉玉臂寒的想象，该从哪里说起呢？蒙娜丽莎的微笑，以及微笑背后的一切。

感觉之一：微笑与哀愁

一千个读者就有一千个蒙娜丽莎。细细看来，蒙娜丽莎的眼睛是微笑的，但嘴角并不是微笑的，不仅不是微笑，好像还有那么一点轻视，那么一点勉强，以及那么一点困惑。中国古代的诗经中形容一个女子的美，说“巧笑倩兮，美目盼兮”，因为微笑和美丽的眼神而让人铭记。“人面桃花相映红”的女子也应该是微笑的吧？但是蒙娜丽莎的微笑潜藏着一种欲说还休的哀愁。从人性的复杂性来讲，一个人都是会有两面性的，强作欢颜应该是很多人的常态。这会让我们想起雨巷诗人——戴望舒的一首诗：

说是寂寞的秋的清愁
说是辽远的海的相思
假如有人问我的烦忧
我不敢说出你的名字

」达·芬奇《蒙娜丽莎》

」达·芬奇《蒙娜丽莎》局部

我不敢说出你的名字

假如有人问我的烦忧

说是辽远的海的相思

说是寂寞的秋的清愁

——《烦忧》

烦忧是什么，我们不知道，总之有一份美丽的哀愁，才下眉头，又上心头。当你的思绪被这种探询所困扰时，当你轻轻诵读这首诗的时候，你同时进入了一种古典的节奏，是《二泉映月》，是《梁祝》，还是《春江花月夜》，总之是一种古典的悠扬，余音袅袅。这时，我们或许首先会想到那个撑着油纸伞的、徘徊在雨巷中的姑娘。悠长又寂寥的雨巷，清脆的足音敲在石板路上，由远及近，由近及远，我们不敢问她的名字，因为我们读不懂她的哀伤。她也许是一个深闺的女子，“打起黄莺儿，莫叫枝上啼，啼时惊妾梦，不得到辽西”；她也许是一个不受宠幸的宫女，“寥落古行宫，宫花寂寞红。白头宫女在，闲坐说玄宗”。在蒙娜丽莎面前，我们的思绪悄悄游走，在她的微笑与哀愁间游走。视觉的图像，忽而变成古典的旋律；静止的人物忽而变成移动的姿势。视觉、听觉、触觉交汇起来，静止地移动起来。蒙娜丽莎的“空虚”变成了我们的沉重，蒙娜丽莎的“空白”被涂抹了我们的色彩。蒙娜丽莎的微笑仿佛一扇门，打开这扇门，便是无垠的旷野，我们不仅迷失了方向，而且忘了我们当初的疑惑，我们何去何从？

感觉之二：远与近

与蒙娜丽莎的对视，我们是没有优越感的，她的温柔是一种高傲的温柔，她的柔美是一种带有攻击性的柔美。因此她的微笑不是满心满意地邀请我们前来一起坐坐，而是作出一种礼貌的姿态，看你内心的力量是否强大。今天，她好像说，来吧，让我们一起听一段音乐，明天，她可能说，不，我们还不熟悉，我对你没有兴趣。这种若即若离的游弋，这种目光的投射与回应，多像是一首朦胧诗，好似顾城的诗《远和近》。

你，
一会看我
一会看云。

我觉得
你看我时很远，
你看云时很近。
——顾城《远和近》

我们站在她的面前，我们在看那纸质的画面。但是我们与她的距离，近在咫尺，却又远隔天涯。她就好像我们身边的熟悉的陌生人，当你想读懂她的时候，她仿佛离我们非常

遥远。这很直观地体现了现代人生活的深层困惑——人与人之间的心灵的距离。于是，当我们无论如何努力都无法到达心灵的彼岸时，我们认输了，输在这直到今日也无法到达的距离里。人与人之间永远处在渴望心灵相通的路途中，但这样的路总是看不见尽头。科技的发展带来的是交通、交往、交流的便捷，但却让人与人的距离更加遥远。我们宁肯在生命的闲暇时分，离开人群，去野外，看看云、看看山、看看星星，因为我们宁愿与自然保持更亲密的接触，而与人的相处却充满很多个人无法把握的变数。就像我们与蒙娜丽莎的面对，她看着我们，也看着远方，我觉得她更留恋远方的风景。人与人的世界也许伤透了她的心。所以，我们看到蒙娜丽莎的身后是朦胧的风景，这是她依恋的地方，而她面对镜头前的我们，只能给我们一个另外的面孔，有时微笑，有时哀愁；有时远，有时近。她在善意地嘲笑，甚至摇头：何必非要读懂我呢？人生是我们共同的困惑，我也在探寻中……

就像接受美学的理论中所提到的：艺术品就像乐谱一样。处在不同时代的人轮流地弹奏它，会奏出不同风格的乐章。观众感到蒙娜丽莎的哀愁，感到她与我们之间的距离，这是在我们处的这个特定的时代和特定的生活环境中，每一个个体偶在的接受者的回应。每一次回应必定各不相同，你心中或许也有一个独特的蒙娜丽莎。不同是很正常的。我们都从自己的期待视野出发去填补作品的空白，我们对同一作品的理解差异，会赋予作品不同的意义。如果你是一个中国古典文学爱好者，也许你认为蒙娜丽莎像曹植笔下的洛神那么具体而飘渺：徒倚彷徨，神光离合，乍阴乍阳，竦轻躯以鹤立，若将飞而未翔。那么，站在蒙娜丽莎的面前，你就像是一个虔诚的追求者。只是人神难以沟通，你只有远远地凝望。没有关系，每个人心中都有一个属于自己的蒙娜丽莎。你把她的不确定性进行了填补，你就完成了对蒙娜丽莎的鉴赏和接受。

在接受的过程中，我们需要联想、想象，需要理解，需要感觉、知觉以及直觉，需要满含激情，人们在欣赏一部作品的时候，大概都要有这样的付出，只是我们的期待视野不同，我们的收获不同。所以一部《红楼梦》，经学家看见《易》，道学家看见《经》，才子看见缠绵，流言家看见宫闱秘事……而大部分人却看见了爱情，看见了诗意，也看见了人世的沧桑和宦海的沉浮。那么，接着谈的便是关于怎样做一个接受者，怎样让自己不再雾里看花，而是面对艺术作品，获得感官的全部享受，获得心灵的净化和补偿。艺术鉴赏是需要学习的，这样我们才是一个有准备的等待美的人。

怎样做一个接受者……

1. 形式美的体验

如果你和朋友去公园游玩，看到风景优美，会忍不住摄影留念。假若由你来拍照，你把人物放在一张照片的哪一个位置呢？是放在正中间呢，还是放在靠右或靠左的三分之一处呢？通常我们觉得放在三分之一处更美。因为这个点是我们常说的黄金分割点，人之所以对黄金分割的形式感到愉快，在于人的视觉对黄金分割的形式所做的运动最省力。于是我们看到古希腊建筑是按照黄金分割律设计的，电影银幕是按照黄金分割律设计的，信封、书本、日常生活中的许多东西都是有意无意地按照黄金分割律的形式存在。这种体验我们认为就是形式美的体验。体验形式美不仅有对各种形式元素的体验，还有对形式美规律的体验，比如水平线的宁静、垂直线的升腾感、红色的热烈、花香的沉醉。这些可以算作是形式元素，它和我们的感官相连，我们的眼、耳、鼻、舌、身以及它们所关联的视、听、嗅、味、触构成了我们和世界的最初交往。当我们敞开全部的感觉，和这个世界接触的时候，我们会发现生活原来可以如此丰富。

我们常说的“生活中不是缺少美，而是缺少发现”，就是在于人们的生活过于匆忙，来不及停下来慢慢欣赏。而同时我们的感官也变得日益单调，我们在城市中生活，我们的耳朵被城市的嘈杂所蒙蔽，我们的目光被高楼大厦所阻隔，同时我们的嗅觉和味觉也不再灵敏。这样我们的审美感官就变得异化。我们的学校教育也不可能有这样的课程，专门强健我们的感官。但是，如果要想成为一个合格的艺术鉴赏者，要想通过艺术鉴赏去丰富自己全部的生命体验，有必要自己对自己进行形式美的训练。训练的主要内容就是体验人类的优秀艺术成果，体验被历史文化所指认的优秀艺术成果，在其间体验语言的味道，体验音乐的质感，体验建筑的音乐，体验凶恶的颜色，体验温柔的形式等。我们读一段张爱玲的文字：

薇龙一夜也不曾合眼，才合眼便恍惚在那里试衣服，试了一件又一件，毛织品，毛茸茸的像富于挑拨性的爵士乐；厚沉沉的丝绒，像忧郁的古典化的歌剧主题歌；柔滑的软缎，像《蓝色的多瑙河》，凉阴阴地匝着人，流遍了全身。才迷迷糊糊盹了一会，音乐调子一变，又惊醒了。楼下正奏着气急吁吁的伦巴舞曲，薇龙不由想起壁橱里那条紫色电光绸的长裙子，跳起伦巴舞来，一踢一踢，淅沥沙啦响。

——《沉香屑第一炉香》

我们不再多说关于张爱玲的种种，不管你是否热爱她这个人，她的文字确实有巨大的力量，让你不得不隔着时空的距离不断猜测她备受关注的人生。这段文字读起来可能感觉很累，累在你感觉的匆忙里，我们只是用眼睛打量这一个个汉字的标记就还很不够，然后我们加上听觉，也还不够，然后加上触觉，当有了这些之后，我们还会自作主张地加上味觉，加上嗅觉，是栀子花香的清甜，还是暗夜里薄荷的微苦，我们做不了最终的决定。为了保存毛皮大衣会不会有樟脑的味道？厚沉沉的丝绒是否细密光滑？电光绸的长裙是否在夜里熠熠生光？我们的感觉需要全部投入到这短短的一段文字中，然后才可能慢慢地了解文中的女孩子即将面对的生活考验。在这样的文字背后，是一段多么感性的生命故事，这是和花草的味道，和古典家具的质感，和又俗又妙的颜色搭配分不开的。之所以说张爱玲的文字有巨大的力量在于她的感性，她不让你的印象留在字面意思中，而让字面意思留在你的身体里，留在你的呼吸、你的视线、你的冥想里，就像罗丹的雕塑，用感性和感觉来说话，“直指人心、不立文字”。

谈到《神奈川冲浪》这个作品，其实可以从我们对于线的感觉谈起。与水平线的宁静平稳，垂直线的高扬肃穆不同，斜线是一种非常不安定的线，它处在和地心引力的斗争中，充满了动感。风浪中的船，左右歪斜，回不到水平状，是危险的；狂风中的树，在风中大角度地倾斜，回不到正常的垂直状是令人不安的。战士在战场上负伤了，摇摇晃晃，即将倒下，又要努力站起，是让我们感觉痛苦的。斜线出现在哪里就把哪里的秩序打乱。

葛饰北斋的画面上被凡·高喻为“鹫爪”的惊涛骇浪激起飞沫，即将吞噬小舟。葛饰北斋把视点降低，仿佛自己在小舟中随波翻腾，随时会葬身海底。画家身历其境地捕捉住整个场面，将大自然排山倒海的逼人气势，抒发得淋漓尽致，其绝妙之处，通常人们会形容为只可意会难以言传。其中，感觉的传达很重要，这幅作品的动人之处就在于它不只是一个画面，而是一种剧烈、复杂心情的传递。由斜线所带给人的不稳定性，首先让人的内心严重失衡。不规则斜线连在一起，带来重重巨浪，但是不断翻滚的浪头越高，越激起人们内心的崇高感，在风口浪尖上，画中人仰望遥远的富士山，颇有“会当凌绝顶，一览众山小”的气势。生命的动人之处常常在绝境显现。所以人们不远万里去登更高的山，去穿越无人的沙漠，体会无限风光在险峰的激情。此时，肉体人的生命虽然脆弱，但是人的信念的力量和征服的勇气却非常强大，这不是浪头和魔爪可以阻挡的。于是，来自世界各地的人们，欣赏这幅浮世绘的精品，可能会体会到做人的尊严和痛苦，还有人生的激情和苦涩，让人留恋徘徊。

人们内心的情感总是会找到感性的源头，痛苦也好、紧张也好，我们的感觉器官会首先有所体会，“冲浪”的压力首先源自人内心的压力，然后才走到理性那里去。

葛饰北斋《神奈川冲浪》

设想一下，如果有一天，请你装饰房间，选一幅绘画作品的话，你会选什么？答案当然是各式各样的。其中，我们可以考虑蒙德里安的这幅“简单”的色块画。为什么是“红、黄、蓝”这三种颜色？为什么是这样的比例？这是一些傻问题，我们能感觉到这幅画简单、纯净和平和。在人生的任何阶段，它都可以让我们的内心充满有秩序的温暖。这幅画没有曲线的痕迹，直线统治了画面，蒙德里安在讲到他的几何抽象原则时说：借由绘画的基本元素——直线和直角（水平与垂直）、三原色（红、黄、蓝）和三个非色素（白、灰、黑），这些有限的图案意义与抽象相互结合，象征构成了自然的力量和自然本身。红色的热烈、黄色的羞涩、蓝色的宁静，彼此和平共处，生活本来可以如此的简单。我们的感觉此时就可以沉浸在这最直观的视觉图像里，没有人物、没有风景，我们不必思考它们背后的深意，它的平衡、有序、乐观展示了非躁动的、宁静而清澈的人类本性，让欣赏在感觉这里止步，让人们回到最起初的时候，那时候我们知道生命的色彩就是大海、黑夜和红色的蝴蝶结……

2. 文学的气质

其实文学也只是众多艺术门类中的一种，我们不能说文学就比其他艺术门类更富于艺术气质，只是文学是诉之于文字的。而文字映入我们的眼帘，我们首先是要看的，这是视觉，然后还是要读的，这是听觉，接着就要想象，想象其中的味道和质感。读书的过程不像看电影、看电视来得那么清晰，文中的风景、文中的人物都需要读者来还原，并且在眼前晃动起来，这个作品才能为读者所真正接受。没有读过《水浒传》的原文，而是直接看电视的人，你眼中的宋江就是李雪健（老版电视剧），到了新版《水浒传》，宋江变成了张涵予，你会觉得不舒服，因为你习惯了李雪健的风格。其实谁演这个角色不重要，重要的是是否忠实于《水浒传》的原著。我们从文学作品中会凝练出一个“宋江”的形象，这是凝结着性格特征、身材气质、语言风格、语调、面容等在一起的一个鲜活形象，而在影视作品中他被定型了。并不是说不应该拍摄和观看影视剧，而是说读书的过程是不可替代的。读书让人的全部感官活跃起来，进行设计和联想，而图像制品会让人的想象力暂时缺失，长此以往还会变得充满惰性和惯性，缺少创造力。也因此，我们认为生活在读图时代的人们在享受高科技的时候，不应该丧失阅读的乐趣，因为这是对人的感性的全部丰富性的培养。比如我们赏读一下纳博科夫的作品《洛丽塔》。这部作品在世间传诵的著名开头是这样的：

Lolita, light of my life, fire of my loins. My sin, my soul. Lo-lee-ta: the tip of the tongue taking a trip of three steps down the palate to tap, at three, on the teeth. Lo. Lee. Ta.

She was Lo, plain Lo, in the morning, standing four feet ten in one sock. She was Lola in slacks. She was Dolly at school. She was Dolores on the dotted line. But in my arms she was always Lolita.

洛莉塔，我的生命之光，我的欲望之火，我的罪愆，我的灵魂。洛—莉—塔；舌尖从腭骨进至牙床，走完三级的旅程，最后从唇间冲出：洛、莉、塔。

她叫洛，平淡无奇的洛。早晨她穿一只短袜站在那儿，身高四英尺十英寸，穿着便裤时

人们叫她洛拉。学校里人们都称她多莉。签名时她用的是多洛莉丝。但在我的怀中，她永远是洛莉塔。[1]

这样的开头是感性的，也是性感的。感性在于你必须读出声来，必须让舌头在口腔里上下滑动，体验字母的质感。“l、t”都属于舌尖中音，它们的发音部位接近，作为辅音，它们的发音只是舌尖抵在上腭的不同部位，造成不同的阻碍而形成。

一个人默念另一个人的名字，用极清晰的声音，不断地练习，不断地体验，那该是有什么样的深情才可以如此。一个原本普通的名字，被这样不断地重复，于是获得了神秘的力量。从洛到洛拉到多莉，再到多洛莉丝，到洛莉塔，一个人和她的无数个名字，背后依靠的

① 浙江文艺出版社1989年出版《洛莉塔》，彭晓丰等译。

是无限欣赏的眼神。思念原本是没有声音的，痴情也常常是疯狂的，但使用哪一种方法表达疯狂，用哪一种声音表达思念，就是念爱人的名字，不断地，轻轻地，于是这个名字会长大，会发光，会照亮每一个孤独的夜晚，这个名字会像年轮一样刻进心中，随时间的增长，变得大而深。不妨用中国人的方式来讲一下此时的感受，用另外一首诗来做一下注解：

用了世界上最轻最轻的声音，
轻轻地唤你的名字，每夜每夜。

写你的名字，
画你的名字，
而梦见的是你的发光的名字：

如日，如星，你的名字。
如灯，如钻石，你的名字。
如缤纷的火花，如闪电，你的名字。
如原始森林的燃烧，你的名字。
刻你的名字！
刻你的名字在树上。
刻你的名字在不凋的生命树上。
当这植物长成了参天的古木时，
啊啊，多好，多好，
你的名字也大起来。
大起来了， 你的名字。
亮起来了， 你的名字 。
于是，轻轻轻轻轻轻轻地唤你的名字。

——纪弦 《你的名字》

不断地排比，不断地比喻，不断地重复，只为你的名字。

文学的气质养成需要在字里行间揣摩，在揣摩中能够加深对作品的了解。排比是一种修辞手法，更是表达充沛感情的最好手段。请看下面的片段：

愿在衣而为领，承华首之余芳；悲罗襟之宵离，怨秋夜之未央！愿在裳而为带，束窈窕之纤身；嗟温凉之异气，或脱故而服新！愿在发而为泽，刷玄鬓于颓肩；悲佳人之屡沐，从白水而枯煎！愿在眉而为黛，随瞻视以闲扬；悲脂粉之尚鲜，或取毁于华妆！愿在莞而为席，安弱体于三秋；悲文茵之代御，方经年而见求！愿在丝而为履，附素足以周旋；悲行止之有节，空委弃于床前！愿在昼而为影，常依形而西东；悲高树之多荫，慨有时而不同！愿在夜而为烛，照玉容于两楹；悲扶桑之舒光，奄灭景而藏明！愿在竹而为扇，含凄飙于柔握；悲白露之晨零，顾襟袖以缅邈！愿在木而为桐，作膝上之鸣琴；悲乐极而哀来，终推我而辍音！

——陶渊明《闲情赋》

把这段一咏三叹的文字用现代语言来讲一下，乐感虽不如古文了，但是语意更清晰些：我愿化作她上衣的领襟呵，承受她姣美的面容上发出的香馨，可惜罗缎的襟衫到晚上便要从她身上脱去，长夜黯暗中只怨秋夜漫漫，天光还未发白！我愿化作她外衣上的衣带呵，束住她的纤细腰身，可叹天气冷热不同，变化之际又要脱去旧衣带而换上新的！我愿化作她发上的油泽呵，滋润她乌黑的发鬓在削肩旁披散下来，可怜佳人每每沐浴，我便要在沸水中经受苦煎！我愿化作她秀眉上的黛妆呵，随她远望近看而逸采张扬，可悲脂粉只有新描初画才好，卸妆之时便毁于乌有！我愿化作她卧榻上的蔺席呵，使她的柔弱躯体安弱于三秋时节，可恨天一寒凉便要用绣锦代替蔺席，一年后才能再被取用！我愿化作丝线成为她足上的素履呵，随纤纤秀足四处遍行，可叹进退行止都有节度，睡卧之时只能被弃置在床前！我愿在白天成为她的影子呵，跟随她的身形到处游走，可怜到多荫的大树下便消失不见，一时情境又自不同！我愿在黑夜成为烛光呵，映照她的玉容在堂前梁下焕发光彩，可叹太阳出来大展天光，登时便要火灭烛熄隐藏光明！我愿化为竹枝而作成她手中的扇子呵，在她的盈盈之握中扇出微微凉风，可是白露之后早晚幽凉便用不到扇子，只能遥望佳人的襟袖兴叹！我愿化身成为桐木呵，做成她膝上的抚琴，可叹一旦欢乐尽而哀愁生，终将把我推到一边而停止了靡靡乐音！

一连十个“愿”，足见感情的强烈、缠绵，而细细想来，这些“愿望”根本不是为了实现，而只是为了表达，表达我对你的感情。这种感情没有世俗的目的，没有具体的要求，有的就是一种情绪，一种无法与人分享，只为内心珍藏的呢喃。

这样的作品是需要阅读来完成鉴赏的，只有在默念中，洛莉塔、发光的名字、无怨无悔的爱才会在你的心中形成强烈的情感体验。不断地阅读，体验文字的感性和性感，身体和灵魂才会获得双重的审美愉悦。然后我们才能逐渐拥有所有感官的本真面目，让眼睛去看、耳朵去听、让嗅觉、味觉、触觉都活跃起来……

3. 广泛的同情心

有了形式美的审美积淀，加之文学语言的丰富感受，我们还需要什么呢？也许可以说是“同情”。如何描述这种同情呢？其实就是“美的心境”。也就是把我们这个世界不看作科学的世界，不看作经济的世界，不看作实用的世界，而是看做形象的世界。艺术家的心，对于世间一切事物都给以热诚的同情，鉴赏者也应有同样的心境，才能和艺术家一起听见子规的啼血、秋虫的促织，看见桃花的笑东风、蝴蝶的送春归。“感时花溅泪，恨别鸟惊心”、“疏影横斜水清浅，暗香浮动月黄昏”，艺术家的创造来自于生命的体验，鉴赏者的欣赏是一种再创造，所以也是一种体验。人同此心，心同此理，同情才能让我们在经典的艺术作品前潸然泪下。

1848年，51岁的海涅流亡在巴黎，贫病交加。一天他拖着艰难的步履，到罗浮宫去和他崇拜的爱情女神告别。当海涅踏进那间巍峨的大厅，看见屹立在眼前的维纳斯雕像，就禁不住号啕痛哭起来。他躺在雕像脚下，仰望着这个无臂的女神，哭泣良久。这是他最后一次走出户外，此后瘫痪在床八年，于59岁溘然长逝。海涅为何在维纳斯神像下哭泣？有很多种可能的说法。我们可以这样理解：残缺的维纳斯首先给人以缺失感，就如同我们对自身伤痛的感受，一棵被风吹折的小树，一朵被暴雨打落的花朵，一个美丽的面容面临危险和暴力，这些都会令人同情。维纳斯就处在这样残缺的状态，轻转身躯，遥望远方和近旁，目光深邃中透出真诚，她瞩目世人，把自己受伤的心悄悄掩饰，却带给每个从她身边走过的人以爱和美的力量。她永远沉静，永远高贵，让我们也可以瞬间超脱尘世的是非纷扰，随她的目光旅行，观看那天国的风景。其实残疾的是我们人类自身，因为我们缺少超越此岸世界的勇气，所以，我们对美的事物、美的心灵，总是心向往之，会忍不住用泪水表达尊重。

古希腊雕塑《维纳斯》

学会“同情”，就不得不赞美儿童，因为儿童大都是最富于同情的。并且他们的同情不但给人类，还给猫呀、狗呀，花呀、鸟呀等一切事物，他们认真地和花朵道别，和动物朋友玩耍，所以儿童的本质是艺术的。

有一个儿童，他走进我的房间里，便给我整理房间。他看见我的挂表的面合复在桌子上，给我翻转来。看见我的茶杯放在茶壶的环子后面，给我移到口子前面来。看见我床底下的鞋子一顺一倒，给我掉转来。看见我壁上的立幅的绳子拖出在前面，搬了凳子，给我藏到后面去。我谢他：

“哥儿，你这样勤勉地给我收拾！”

他回答我说：

“不是，因为我看了那种样子，心情很不安适。”是的，他曾说：“挂表的面合复在桌子上，看它何等气闷！”“茶杯躲在它母亲的背后，叫它怎样吃奶奶？”“鞋子一顺一倒，叫它们怎样谈话？”“立幅的辫子拖在前面，像一个鸦片鬼。”我实在钦佩这哥儿的同情心的丰富。从此我也着实留意于东西的位置，体谅东西的安适了。它们的位置安适，我们看了心情也安适。于是我恍然悟到，这就是美的心境，就是文学的描写中所常用的手法，就是绘画的构图上所经营的问题。这都是同情心的发展。普通人的同情只能及于同类的人，或至多及于动物；但艺术家的同情非常深广，与天地造化之心同样深广，能普及于有情、非有情的一切物类。

——丰子恺《美与同情》[①]

儿童时代是充满童话色彩的，人慢慢长大了，受到了理智、功利的压迫，这点心灵的光泽被磨蚀了。那些能够在粗糙生活的内在仍旧保持这份童真的人就会成为艺术家。我们成年人的黄金时代已经一去不复返了，但是我们可以由重塑我们艺术的修养和感觉的敏锐来重

① 丰子恺：《禅外阅世》，陕西师范大学出版社2008年版，第97页。

丰子恺漫画

新面对这个幸福、仁爱的世界。我们可以在艺术中重新做我们的梦，重新和星星交谈，和流水嬉戏。德国美学家席勒深感工业发达所带来的人性分裂，于是主张通过美育来实现人性的改造。他提出用“游戏冲动”作为桥梁来弥合“感性冲动”和“理性冲动”的内在紧张，这里的“游戏”就是指一种自由自觉的活动，是一种审美的游戏或艺术的游戏。让我们在“游戏”中学会“同情”吧，然后你才能体会到艺术的魅力，在审美中迷失自己……

关于艺术鉴赏的尝试性练习

在练习中，我们尝试体验两个小作品，一首小诗和一幅画。

1. 请先阅读这首诗：

啊，诗从何处寻？
在细雨下，点碎落花声！
在微风里，飘来流水音！
在蓝空天末，摇摇欲坠的孤星！
——宗白华《流云·诗》

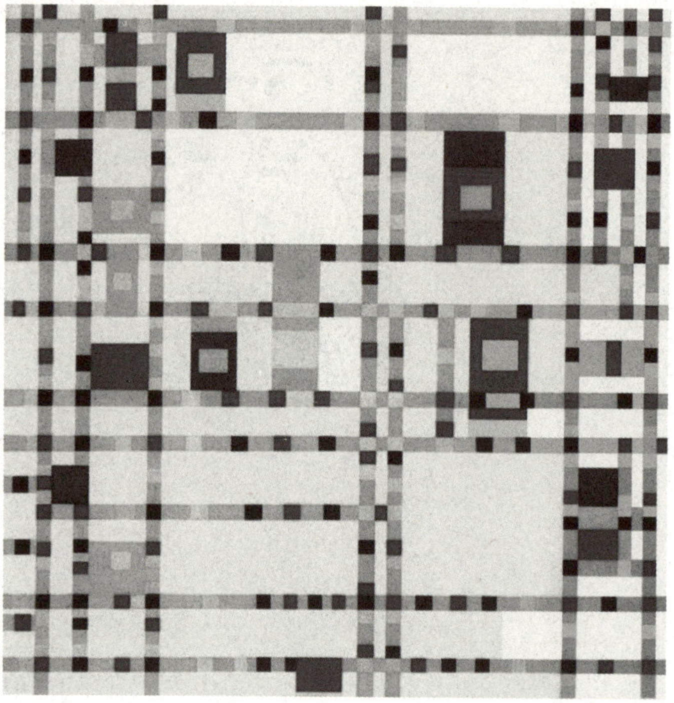

宗白华先生是抒情的、古典的、艺术的美学大师，他唯一的诗集《流云》虽是新体诗，却传承了古典诗歌的血脉，虽说是小诗，但小诗并不小，在微小的诗歌文体之内包蕴的是阔大的世界生活，有如夜观星火，渺渺小小之光遍布天空。缘于对中国古典艺术的深刻印象，宗白华先生体现在诗里的物、意充满着古典的艺术气息。同时因其美学家的独特目光，对世界渺小物无限之美的挖掘，令人欣喜。以上这首小诗，让你的思绪在何处停留呢？

2. 请先观察上面这幅《百老汇爵士乐》：

有了前面的感性训练，再欣赏这幅作品，你有什么感受呢？

延伸阅读

陈从周《说园》

在以上的文字中我们说过：要想你的人生充满更多的情趣，你必须了解关于艺术鉴赏的知识。当我们“消磨”我们的生命在小说、电影、绘画等艺术品中的时候，我希望你不是一个庸庸碌碌的过客，而应该让每一次优美的阅读成为一次难忘的相遇。我们有限的空间、时间因此延展了，我们的人生因此丰富了。我们通过艺术丰富了自己，认识了更多精彩的生命、更多别致的色彩、更多的曲线、音符、造型。于是艺术变得真正和我们的生命相关。在下面我要推荐的文字里，我们要走进的是园林的世界。

走进园林的世界，我们首先要认识一个人，他是陈从周。他是我国当代著名的古建筑专家，被海外学界誉为中国现代园林的grandfather,他在建筑学和园林艺术领域著作等身，多种著作成为治古建筑和习园林者的必读书。同时陈从周先生国学根底深厚，谙熟中国传统文化，他的文字曲径通幽，通向的是中国文化和中国园林的灵魂。读陈从周的文章，我们观赏的是园林的风景，同时领略的也是人生的境界。

《说园》（山东画报出版社、同济大学出版社2002年版）是一本很薄的小册子，黑白的插图，文字点缀其间，我向大家隆重推荐这本书。这是一本可以一读再读的书。

“小园应以静观为主，动观为辅，庭院专主静观。大园则以动观为主，静观为辅。前者如苏州网师园，后者则苏州拙政园差可似之。人们进入网师园宜坐宜留之建筑多，绕池一周，有槛前细数游鱼，有亭中待月迎风，而轩外花影移墙，峰峦当窗，宛然如画，静中生趣。至于拙政园径缘池转，廊引人随，与‘日午画船桥下过，衣香人影太匆匆’的瘦西湖相仿佛，妙在移步换影，这是动观。”[①] 这是在观赏园林，也是在品味人生的不同状态，一张一弛，文武之道，园林有大有小，人生有时需要变化，有时需要静止。

① 陈从周：《说园》，山东画报出版社、同济大学出版社2002年版，第3页。

"中国园林的树木栽植，不仅为了绿化，且要具有画意。窗外花树一角，即折枝尺幅；山间古树三五，幽篁一丛，乃模拟枯木竹石图。重姿态，不讲品种，和盆栽一样，能'入画'。拙政园的枫杨、网师园的古柏，都是一园之胜，左右大局，如果这些饶有画意的古木去了，一园景色顿减。"[①] 园林中的植物总是要有一些别样的姿态，夏日的翠竹，在烟雨迷蒙中招摇；秋日的暗黄竹叶，在太湖石的映衬下，愈显苍老。并且园林中植物总是簇拥着粉墙，粉墙竹影，是自然天成的画卷。竹子是画家和诗人心中的珍品，也说明竹的姿态和品格无不宜人。

"园林景观有仰视、俯视之别，在处理上亦应区别对待。楼阁掩映，山石森严，曲水湾环，都存乎此理。'小红桥外小红亭，小红亭畔、高柳万蝉声。''绿杨影里，海棠亭畔，红杏梢头。'这些词句不但写出园景层次，有空间感和声感，同时高柳、柳梢，又都把人们视线引向仰观。文学家最敏感，我们造园者应向他们学习。至于'一丘藏曲折，缓步百跻攀'，则又皆留心俯视所致。因此园林建筑物的顶，假山的脚、水口、树梢，都不能草率从事，要着意安排。山际安亭，水边留矶，是能引人仰观、俯观的方法。"[②] 园林的欣赏要注意到"仰观"和"俯观"的区别。所以我们可以因此去检视身边的风景。泛舟昆明湖上，远处玉泉山的白塔，仰视可得，这也是借景。但是，目前城市的风景中已经充满了太多高大建筑，甚至摩天大楼，我们即使置身园林，也总会被高楼遮住视线，看不见远处的天空。如今是一个把园林视为古典艺术的时代，现代人走进园林总会有一种莫名的怅惘。所以，我们应该珍视园林带给我们的心灵体验，珍视陈从周先生带给我们的传统艺术之旅。

---

① 陈从周：《说园》，山东画报出版社、同济大学出版社2002年版，第4页。

② 同上，第10页。

第八讲　诗中有画　画中有诗

——艺术门类的交相辉映

美国艺术理论家艾布拉姆斯在他的著名理论作品《镜与灯——浪漫主义文论及批判传统》中指出：每一件艺术品总要涉及四个要素，几乎所有力求周密的理论总会大体上对这四个要素加以区别，使人一目了然。这四个要素包括艺术作品、艺术家、欣赏者或读者，以及与作品直接相关或对应的客观自然或世界。他还设计了一个“艺术四要素图示”，这在一定意义上开拓了文学艺术研究的新思路。

这样一个图式显示出目前在艺术学理论的研究中，大家共同面对的问题是什么。在目前的艺术学著作中，大家公认的问题就是艺术家和艺术创作的问题，艺术作品的问题，艺术鉴赏的问题，还有一个所谓“世界”的问题表现为艺术的本质、特征，艺术的起源，艺术的功用以及艺术与文化的关联等问题。这样一些内容在各种各样的艺术概论著作中表现出体系的大体一致，同时还有一块内容在绝大部分的艺术概论著作中也出现了，那就是关于艺术门类的讲述。

艺术的门类被如何讲述？我们先看看目前的状态。

根据中国图书馆的相关目录，从1978年到2004年间国内共出版艺术概论著作54

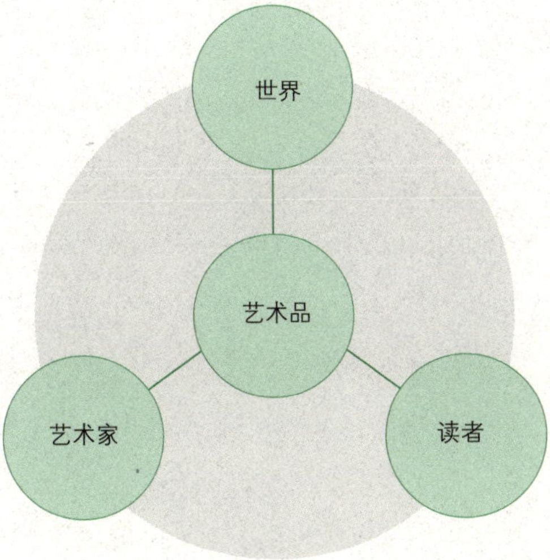

本[1]，在这54本书中，各艺术院校使用较多的三本教材是：

1. 孙美兰主编《艺术概论》，高等教育出版社1989年版（2008年第二版）。

2. 高等艺术院校《艺术概论》编写组编《艺术概论》，文化艺术出版社1983年版（2000年第二版）。

3. 彭吉象著《艺术学概论》，北京大学出版社1994年版（2002年第二版，2006年第三版）。

这三本著名教材中，论及艺术种类的有两本，分别是第2种和第3种。高等艺术院校《艺术概论》编写组所编《艺术概论》（第二版）（简称“文化艺术版”）中，第二章为艺术门类论：

第一节　艺术的分类

一、　艺术种类的多样性

二、　艺术门类的划分

第二节　主要艺术门类

① 这一数据由中国人民大学博士生林早提供。

一、　美术

二、　音乐

三、　舞蹈

四、　戏剧

五、　摄影

六、　电影与电视

七、　文学

八、　建筑与园林

九、　其他艺术门类

第三节　各门艺术之间的关系

一、　各种艺术的相互联系

二、　艺术在分化与综合中发展

彭吉象著《艺术学概论》（第三版）（简称“北大版”）中，中编为艺术种类，下分五章。按照编者的说法：本书根据艺术的美学原则将整个艺术区分为五大类，即实用艺术（建筑、园林、工艺美术与现代设计）、造型艺术（绘画、雕塑、摄影、书法）、表情艺术（音乐、舞蹈）、综合艺术（戏剧、戏曲、电影艺术、电视艺术）和语言艺术（诗歌、散文、小说）等，并且由于篇幅所限，本书并未涵盖所有的艺术门类，诸如杂技、曲艺、木偶、皮影等一类民间艺术就尚未提及。①

文化艺术版中列举出各种艺术门类，然后分别作了介绍。在该书中，作者指出了至今较有影响的和较有实用价值的分类法：

1. 以艺术形态的存在方式为标准，得到三个类型：空间艺术、时间艺术、时空艺术。在这三个类型之下就是艺术门类，诸如绘画、音乐、电影等。

---

① 彭吉象:《艺术学概论》北京大学出版社2006年版，第86页。

2. 以艺术形态的感知方式为标准，得到四个类型：视觉艺术、听觉艺术、视听艺术、想象艺术。然后把各个门类分入其中。

3. 以艺术形态的创造方式为依据，得到四个类型：造型艺术、表演艺术、语言艺术、综合艺术。

4. 从艺术作品反映现实和表现情感的关系看，得到两个类型：表现艺术、再现艺术。

5. 从艺术作品的功能来看，得到两个类型：美的艺术、实用艺术。

6. 以艺术形象展示的方式为标准得到两个类型：静态艺术、动态艺术。

虽然该书介绍了许多艺术分类的方法，但是在下面的描述中，并没有采用其中任何一种。原因在于：这些分类方法各自都采取某一个角度，依据某一方面的标准，都有一定的局限性。有的类型中所包含的具体品种之间差异很大，难以用同一标准来阐明它们各自的特点和规律。“各种艺术分类方法虽然都存在不同的局限性，但是也具有各自的特点和优势，可以互相补充，因此没有必要制定某种单一的标准化的艺术分类法。而且，这是学术研究的问题，自然需要不断发挥自由探索和探讨的精神。但是长期以来，也存在一种最常用、最具有实践意义的分类方法，这就是以创造艺术形态的材料和技法为依据，分为美术、音乐、舞蹈、文学、戏剧、影视、摄影、曲艺、杂技、建筑和园林等。在实际工作中，艺术专业和行业也是这样来划分的。下文将根据这种分类方法，分别阐述各门艺术的基本特征和规律”[①]

这样就呈现出一种状态：艺术研究有分类的必要，但还是没有一个合适的分类的标准，便于操作，或者说，每一个分类标准都是有局限的，都是有例外的存在，难以划分类型之间的明确界限，于是很多的艺术概论著作就在全面讲述艺术分类的各种标准之后，加以类似的评价，然后不再分类，只是按照专业和行业的划分，分别阐述目前的各个确定的艺术门类。类似的处理方法，可以列举8种相关的艺术概论著作，分别是（排名不分先后）：

1. 郑锦扬主编《艺术概论》（普通高等教育“十一五”国家级规划教材）第二版，高

① 王宏建主编:《艺术概论》，文化艺术出版社2000年第二版，第114页。

等教育出版社2007年版。

2. 潘必新《艺术学概论》，中国人民大学出版社2008年版。

3. 杨先艺编著《艺术概论》，清华大学出版社、北京交通大学出版社2009年版。

4. 朱志荣主编《艺术导论》，华东师范大学出版社2007年版。

5. 丁涛《艺术概论》，辽宁美术出版社，2001年版。

6. 陶宇主编《艺术概论》，安徽美术出版社2006年版。

7. 林少雄主编《新编艺术概论》（普遍高等教育“十一五”国家级规划教材），复旦大学出版社2007年版。

8. 朱晓军等著《艺术概论教程》，中国传媒大学出版社2009年版。

北大版体现出对艺术进行类型学把握的研究特点，这样一种五分法，也是目前一些艺术概论教材中比较普遍的研究思路。与此完全相同的处理有王杰泓主编的《艺术概论》（首都经济贸易大学出版社2008年版），与此相类似的处理有贾涛主编的《艺术概论》（河南大学出版社2006年版），贾涛主编的版本在第4章的艺术类型论，分为了造型艺术论、表现艺术论和综合艺术论。另外还有张黔主编的《艺术原理》（北京大学出版社2008年版），其中对艺术门类进行了两种角度的类型研究。一是分为：叙事艺术、抒情艺术和象征艺术；二是分为：语言艺术、时间艺术、空间艺术和时空综合艺术。

此外，目前的艺术概论类教材中，还存在一种写作的思路，就是不设专章，专门讲述艺术的门类，这不意味着不讲艺术作品，书里还是有丰富的作品支撑理论的讲述，只是不对艺术门类进行专业的介绍或进行类型学的讲述。这样的著作可以列举3本，分别是：

1. 杨琪著《艺术学概论》，高等教育出版社2003年版。

2. 陈池瑜著《现代艺术学导论》，清华大学出版社2005年版。

3. 李胜利编著《艺术概论》，中国传媒大学出版社2001年版。

以上我们大体罗列出，目前的艺术概论类教材写作中对艺术门类论的处理方式。一是，不分类，按照目前习惯的艺术专业来进行讲解；二是，分类，以北大版的五分法为主流，主要依据是“艺术的美学原则”；王杰泓主编的版本说是“以艺术活动审美意识物态化的存在方式为标准”；贾涛主编的版本没有明确提到分类的标准；张黔主编的版本，以“艺术内容为标准”和以“艺术形象和形态的存在方式为标准”。三是，不直接讲述艺术门类的内容。

这种现象的出现依然与我们目前艺术学研究的现状有关。艺术的各方面理论的研究目前还呈现出一种不确定的态势。比如我们对艺术本质的研究、对艺术起源的研究、对艺术特征的总结等，都让我们不管作为理论，还是作为教材，都存在百家争鸣的状态，往往是不同的研究角度，不同的研究方法，就会走向不同的研究结果。

艺术学理论最初存在的意义是什么呢？通常我们说艺术学理论是一种比较抽象的学问，它和各个部门学的研究不同。我们有音乐概论、文学概论、电影概论，还有艺术学概论，那么普通艺术学概论就是以整个艺术为研究对象。艺术理论是研究艺术普遍规律的一门学科，是一门“元理论”学科，各个艺术门类都是艺术理论的研究对象。艺术概论并不专门研究某一门艺术，它在研究各门艺术的概念、准则的基础上对艺术进行分析和更加抽象的总结、概括。它虽然也要研究各门艺术本身的特点，却并不把某一种艺术现象作为专门的研究对象，这个任务要靠各个艺术门类理论来解决。

“在研究各门艺术的概念、准则的基础上对艺术进行分析和更加抽象的总结、概括”，客观地讲不是一件容易的事。因为我们目前甚至对艺术的定义都不得不存在一种开放的理解。如果我们要对艺术下定义就要找到一切门类的各种各样的艺术作品的共同的本质特点，同时这些共同特征又恰恰是艺术与非艺术的界限。我们稍作思考就不难发现，很难从各个门类、不同的艺术作品中找出一个共同的特征，所以给艺术下定义很难。我们不能给艺术一个满意的定义，但是我们可以把艺术之间的相互关系，通过分小类的方式来进行类型的解释。但是，艺术的复杂性同样在这里显示出来，类与类之间存在着内在的联系性和一致性，具有某些彼此相通的共同规律。任何艺术分类的方法都只具有相对的意义，比如，表情艺术的抒情性在语言艺术中存在，表情艺术的表现性在造型艺术中存在，造型艺术的表现性在实用艺术中也存在，同时，综合艺术作为一种吸取各门艺术长处的艺术总称，必然与其他艺术类型之间有着共同的特点。

按照接受美学的思路，理论的讲述也要考虑接受者的期待视野。艺术学理论的接受对象，可以是艺术类院校的学生，可以是艺术的爱好者，也可是艺术理论的研究者，他们在学习和研究艺术理论的过程中，通常是了解或者熟练操作一种门类艺术，或者说对艺术只是喜爱，没有实践的经验和体会。那么，在艺术学理论中讲述艺术门类就变得很有必要，不管是从各个艺术专业和行业的角度来介绍艺术门类，还是把艺术专业进行类型划分，都是为了呈现出各门艺术的基本特征和规律。让没有艺术实践经验的人了解艺术，让了解一门或两门艺术的人了解全部的艺术门类，让只有艺术实践经验的人获得对艺术的理性思考。诚然，我们这个时代不太可能出现百科全书式的人物，所以，在艺术学理论中加上艺术门类的内容就显得很有必要。当然更必要的是，让一般理论与门类艺术的讲述之间形成互动。但是，我们总还是会有一个期待，就是如何通过研究各门类艺术的相似性、相关性、差异性来促进人们对艺术自身问题的解答。

各大艺术门类在一系列具体问题上有不同：比如绘画和文学常常是个人化的创作，而电影、电视、戏曲、戏剧、建筑是集体化的创作。我们通常关注个体的经验，忽视集体的经验。比如艺术家的成长历程和成功学经验如何在文化与文明的变迁中获得启示意义。比如建筑，可以作为一门艺术讲述，但是建筑问题似乎是一个包含技术、文化问题的复杂综合体，它与其他门类之间的相关性、相似性不容易得到说明。在各个具体门类的讲述中如何体现这一门类的特点与整体艺术学理论之间的关联，如何通过某一艺术门类的讲述实现理论的提升也不是一个容易解决的问题。

艺术学理论要讲述各门艺术的特点，要对艺术进行类型学的研究，我们是否还可以从一个另外的角度来讲述艺术门类?

首先从艺术门类之间的联系入手来研究。比如：文学与绘画。

18世纪德国思想家莱辛提出了这个问题，发表了美学名著《拉奥孔》。《拉奥孔》也是希腊晚期的一座雕像群，前面曾经介绍过。诗人维吉尔的史诗中谈到关于拉奥孔的故事时说，拉奥孔被毒蛇缠住身体，痛极狂吼，喊声传出去数里远。而拉奥孔的雕像群中，拉奥孔的嘴仅仅微微开启着，像是在小声地呻吟，没有文学描写中的狂吼。

对此，德国的古代艺术史学家温克尔曼曾经这样描述：希腊杰作的主要的特征是一种高贵的单纯和静穆的伟大，所以希腊人的造像要展示一个伟大的沉静的灵魂，即使他处在一切激情里面。作为雕塑的拉奥孔没有显示出在维吉尔的诗歌里所描绘的那样可怕的悲吼，因为，在雕像中张开大嘴，会形成一个难看的黑洞，势必破坏美观，所以，在雕像中我们只能看到一声畏怯的敛住气的叹息。

这里我们看到，文学与雕塑在表现相同题材时采用了不同的处理方式。雕塑上没有显示出人们所期待的那样强烈的痛苦。温克尔曼认为这是因为希腊人的克制，这是因为希腊艺术的整体精神使然，是高贵和静穆的审美倾向让雕塑家作这样的处理。而莱辛认为这是由于各种艺术材料的不同、表现可能性的不同以及各种艺术门类的限制所造成的。雕塑作为造型艺术有它的物质表现的特殊内在规律，作为雕刻家只有将表现的内容改动一下，来配合造型艺术的特点。艺术必须同时表现美，所以在雕塑中，拉奥孔必须小口微微地呻吟，以实现美的视觉要求。而人们对文学的理解，是间接的和诉诸想象力的，所以可以尽可能丰富地、夸张地表达。

莱辛进一步谈到了艺术中造型艺术和文学的界限：绘画能够描绘身体的美，而文学在表现身体的美时，不能像绘画那样进行各部分的描绘，可以选择通过影响和效果来描绘。比如荷马描写海伦的美。

正是这位荷马，他这样故意避免一切片断地描绘身体美，以至于我们在翻阅时很不容易地有一次获悉海伦具有雪白的臂膀和金色的头发，正是这位诗人他仍然懂得使我们对她的美获得一个概念，而这一美的概念是远远超过了艺术在这企图中所能达到的，人们试回忆诗中那一段，当海伦到特罗亚人民的长老集会面前，那些尊贵的长老们瞥见她时，一个对一个耳边说："怪不得特罗亚人和坚胫甲开人，为了这个女人这么久忍受苦难呢，她看来活像一个青春常驻的女神。"还有什么能给我们一个比这更生动的美的概念，当这些冷静的长老们也承认她的美是值得这一场流了这许多血，洒了那么多泪的战争的呢？凡是荷马不能按照着各部分来描绘的，他让我们在她的影响里来认识。诗人呀，画出那"美"所激起的满意、倾倒、爱、喜悦，你就把美自身画出来了……文学追赶艺术描绘身体美的另一条路，就是这样：它把"美"转化为魅惑力。魅惑力就是美在"流动"之中。①

莱辛对诗（文学）和雕塑（造型艺术）的深入分析，开创了艺术门类之间区别和联系的研究。造型艺术和语言艺术各有表现的可能性范围，但是艺术创作也可以实现"诗中有画，画中有诗"的境界，这是艺术门类之间的内在相通性使然。并且我们在艺术创作中期待有丰富表现力的作品，从静态艺术中体会出动作感，从语言艺术中体会到形象感，从实用艺术中体会到表情性，从建筑艺术中体会到音乐感，从音乐艺术中体会到建筑感，从时间艺术中体会到空间感，从空间艺术中体会到时间感。这也许是对于艺术门类之间内在相关性的一种研究视角。借此，我们可以发现艺术门类之间普遍存在的艺术精神，发现在不同门类之间普遍追求的美的法则。

宗白华先生总结中国艺术意境的特点是：道、舞和空白。

我们沿着"舞"的线索看一下众多的艺术门类。

① 宗白华：《美学散步》，上海人民出版社1981年版，第9页。

拙政园一角（苏州）

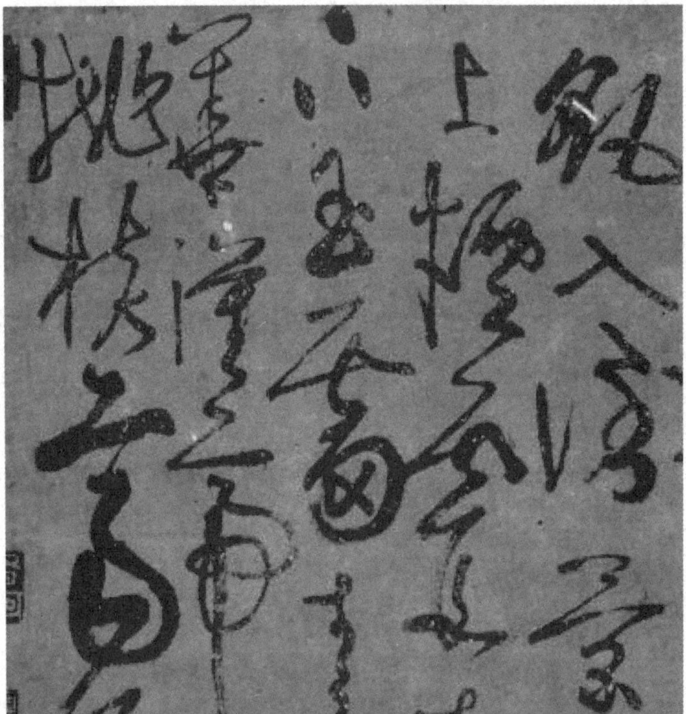

张旭《古诗四帖》（局部）

张择端《清明上河图》（局部）

吴道子《送子天王图》（局部）

隆兴寺摩尼殿

天坛祈年殿

先看建筑，我们看到拙政园的一角——荷风四面亭，看到《清明上河图》中的“虹桥”，看到隆兴寺的摩尼殿，看到天坛的祈年殿，这些建筑都无一例外地体现了一种飞动之美。亭子的各个飞檐振翅欲飞；虹桥飞架在河的两岸，桥的倒影映入河中，成为一个半明半暗的圆形，摩尼殿本身大体还是一个方方正正的建筑，但是它的各个檐角以略向上扬的姿态表达了建筑本身的灵动，祈年殿的外表就像一个塔，以圆形结构逐渐缩小向上延展，成为一种有韵律感的形式。每一层的结构相同，但是每一层又显示出细微的变化，好像一首歌的几个段落。我们可以把这种建筑的感觉称作“舞”。

再看绘画，中国画是线的艺术，画是静止的，但是吴道子知道，静不是艺术追求的目标，艺术就在于生命的狂舞，绘画就是要以静态表现动态，所以“吴带当风”成为人们对吴道子的评价。他的人物画在宁静中传达飞动之势，衣袂飘飘然，好像要临风飘举。人物在衣服的映衬下，回环往复，别具一种柔美和优雅的姿态。

接着吴道子，可以谈书法。因为，唐代艺术史上有一个动人的传说，就是所谓的吴道子作画、张旭写书、裴旻舞剑的“三绝”说。传说吴道子虽然出身画工，但曾师从大书法家张旭，对狂草尤有心得，因而吴道子的画中也处处透露出草书的灵魂。有一次，吴道子和张旭、裴旻在洛阳相遇了，吴道子观看裴旻持剑起舞，左旋右转，神出鬼没，变化万端，很受启发，即兴在天宫寺墙壁上画了一幅壁画，画时笔走如飞，飒飒有声，顷刻而成。随后，张旭又在墙壁上作书。这一次使在场数千观众大饱眼福，高兴地赞叹：“一日之中，获睹三绝！”舞剑是“舞”，绘画是线条之舞，书法更是笔墨飞舞。尤其是张旭的狂草千姿百态、飞舞跳跃，若断还连，字与字之间形成流动的旋律，整体看上去，就是一幅抽象派的绘画，我们似乎已不关注狂草的语义内涵，而只留恋它的舞蹈气质。

建筑、绘画、书法，我们可以体会到看得见的“舞”，但是，文学、音乐中我们可以体会到看不见的“舞”的韵味。

中国的诗讲究押韵，讲究对偶，讲究用典，中国的词有词牌，整首词要在词牌的引领下，形成不同的曲调，句子呈现不同的长短。这首先体现出文学与音乐的关联，我们常说的“韵文”，其实就是有音乐感的文字。

诗词之舞是带着枷锁的舞蹈，有着固定的舞步，充满回环往复的美。为了说明文学与“舞”的关联，我们可以先讲音乐与建筑的关联，毕竟我们都了解：音乐是流动的建筑、建筑是流动的音乐。那么我们可以给不同的音乐及建筑模式不同的联想。

天坛的祈年殿和故宫可以放在一起来说，祈年殿的塔的外形是圆形的规则的重复，这种重复更多，就可以形成更高的塔。故宫的天安门、端门、午门以及三大殿也都是一种充满变化的重复，这种有规则的重复好像西方的交响乐，不断以变化的方式展开主题。这还好像押韵的文字，不断变化内容，不断变化末尾的汉字，但是押的韵相同。我们不断接触新的东西，但是总会回到熟悉的旋律中。于是我们感觉到温暖，感觉到一切都是可以把握的。

当然，如果是小桥、流水、人家似的随意和自然，建筑或者音乐的风格就要为之一变。唐朝诗人常建《题破山寺后禅院》写道："清晨入古寺，初日照高林。曲径通幽处，禅房花木深。山光悦鸟性，潭影空人心。万籁此俱寂，但余钟磬音。""曲径通幽"是我们谈到中国的唯美主义建筑——园林时必然要讲的话，因为园林就是要虽由人作，宛若天成。园林中的道路都是曲折的，"造园如作文，必使曲折有法"。

园林建筑对应的不是交响乐，而是中国行云流水的古乐演奏，好像古筝、笛子在如水的月色中响起，悦耳悠扬，让人魂牵梦绕。这样的音乐对应的是散文、是现代抒情诗，没有古诗词韵脚的严格，但是却更富于自由的乐感。比如这样的诗：

我打江南走过
那等在季节里的容颜如莲花的开落
东风不来，三月的柳絮不飞
你的心如小小的寂寞的城
恰若青石的街道向晚
跫（音如穷）音不响，三月的春帷不揭
你的心是小小的窗扉紧掩
我达达的马蹄是美丽的错误
我不是归人，是个过客……

——郑愁予《错误》

这首诗很委婉地表达了游子与思妇心境的起伏。马蹄达达仿佛破坏了相思的宁静，但是却诗意地表达了游子漂泊的无奈。全诗的情绪经历了一如既往的宁静和乍起涟漪的惊喜，以及又重新走入的宁静中，仿佛一段音符，从舒缓，到跳跃，又回到舒缓，是声音的舞蹈，也

拙政园回廊

是心灵的舞蹈。

西方有一个审美心理学理论，叫内摹仿。内摹仿是指当主体面对客体的时候，人的知觉会按照客体的性质进行摹仿活动。人面对有着S形曲线的女神雕塑进行欣赏时，不可能保持笔直的身体姿势。当人面对杨柳依依的景致时，内心会感觉柔情万种。同样，面对这样的诗句，从“马蹄达达”到“过客”，内心经历了一种情感的柔性变化，这种变化是心灵的起伏波动，也具有了“舞”的精神。

当我们用“舞”的精神去把握艺术门类的内在艺术精神时，我们其实体现了对艺术门类研究的一种视角，不是从专业技术考虑，不是从时空变化考虑，也不是从艺术表现形态考虑，我们考虑的是审美与文化。因为各种艺术门类之间在物质材料、表现形态和创作技巧等方面都有着客观的差异，只有以一种美学的视角，做感性的梳理，才能领悟其中的艺术内涵。并且审美是一种文化，美的表现要在民族、文化、时代的框架中得到说明。不同的民族、文化、时代有不同的美。当我们说到“舞”这种艺术精神的时候，我们其实是在中国传统艺术的界限内谈艺术的内在品质。通过对具有中国传统艺术内涵的建筑、舞蹈、书法、绘画、音乐的体悟，获得了“舞”这样一个高度形象化也高度概括化的感受。离开这个文化传统，艺术的内在精神就要重新书写。

当我们把艺术放在中西文化的大背景下研究，我们就要首先澄清一个问题。从艺术精神的角度来讲述艺术要有一个范围的确定，对于中国艺术，我们这里谈论的主要是古典艺术，而对西方艺术我们可以延伸到现代艺术。因为，中国文化与西方文化在20世纪初经历了冲撞和融合，中国文化艺术的发展也势必进入全球化的进程，此后中国文化艺术的发展逐渐和西方产生认同和互动，因此逐渐出现一些异质的倾向。西方文化的发展却一直以来保持了一种独立的特征。

并且中国文化中的差异最重要的不是时代的差异，而是流派的差异。简单说就可以概括为儒与道的两种精神以及它们之间的互补、互渗。宗白华总结中国美学史上两种不同的美感或美的理想：一是“芙蓉出水”，一是“错彩镂金”，前者有道家气象，后者洋溢儒家精神。而西方文化最重要的是时代差异，西方文化经历了古代、近代、现代的变化，只要把握了西方文化不同发展时期的内在共同点，也就是把握了西方文化的艺术精神。

要概括西方艺术的内在精神，找寻一个合适的字眼并不容易，但是为了与“舞”这个充满线条之美的字眼相比照，可以给西方艺术一个字的概括，就是“力”。

埃及、希腊的建筑、雕刻是一种团块的造型，米开朗基罗说过：一个好的雕刻作品，就是从山上滚下来也滚不坏的，因为他们的雕刻是团块。中国就很不同。中国古代艺术家要打破这团块，使它有虚有实，使它疏通。中国的画……特别注意线条，是一个线条的组织。中国雕刻也像画，不重视立体性，而注意在流动的线条。①

西方的雕塑和绘画注重表现人体，表现自然人的真实身体状态，所以，我们看到西方艺术，尤其是古希腊时代充满了裸体的绘画和造像。古希腊人歌颂神，因为神本身体现了人的欲望，歌颂神也就是赞美人，人性和神性之间没有距离，都需要用最美的身体体现。西方艺术史家丹纳认为：“希腊雕像的形式不仅完美，而且能充分表达艺术家的思想：希腊人认为

① 宗白华：《美学散步》，上海人民出版社1981年版，第48页。

肉体自有肉体的庄严，不像现代人只想把肉体隶属于头脑。呼吸有力的胸脯，虎背熊腰的躯干，帮助身体飞纵的结实的腿弯，他们都感到兴趣。”①

《萨莫色雷斯的胜利女神》因在爱琴海北部的萨莫色雷斯小岛上发现而得名。胜利女神虽是古希腊雕塑常用的题材，但这一作品的独特之处在于构思非常新颖。作者将底座制成一艘战舰的船头，胜利女神从天而降，飞立船头，引导着舰队迎风破浪勇往直前。尽管雕像已失去头与双臂，但不论从哪个角度都能感受到胜利女神展翅欲飞的英姿。雕像上身呈现前倾的姿势，静中显动、蓄势待发，虽为女性，但是却显露一种崇高感。其实，希腊雕塑所表现的都是健壮而优美的男子裸体形象和女子形象。在当时的希腊社会，尚武精神与竞技体育十分流行，人们

① 丹纳：《艺术哲学》，傅雷译，人民文学出版社1963年版，第47页。

都希望有一个健美、强壮的体魄来赢得尊崇和荣耀。希腊雕像就是这一社会风尚的真实写照。与此形成对照的是中国传统仕女画，都是一个类型、一个年纪，一样的委婉婀娜，没有奋斗的痕迹，当然也没有力的流露。民国初年受西方影响的画家批评中国仕女画里的人物只有衣服，没有肉体，轻如无物。

如果说雕塑是古希腊艺术最重要的形式，那么建筑在中世纪的基督教审美文化中则占据举足轻重的地位。其中著名的哥特式教堂属于典型的石质结构，在建造过程中特别注意材料的表现力和质感。教堂建筑的形式要成为一种象征，暗示庄严神秘的东西，所以教堂要以整体的庞大与细节的繁复震动人心，目的显然是要造成一种异乎寻常的刺激，令人惊奇赞叹，目眩神迷。什么样的形式最有力量感？不仅是体积大，而且是质量大，哥特式教堂就是如此：石材、高大、柱子粗壮、直上云霄。这种巨型的建筑使人自然产生对上帝的敬畏感，由身体的压力，走向精神的飞升。这种崇高感本身就充满了力量的美。

与此相比，中国的建筑没有尝试使用石材，也没有认真地使用砖为建筑材料，所以我们今天看到的古代建筑为数很少，而且大多经过历代修葺。中国的建筑主要使用木材："木材的寿命是短暂的，几乎与人的寿命相当，因此建筑的生命似乎应合于人生的悲欢离合。当人生立于成就的顶点的时候，建筑就丰盛地成长，红门绿瓦，千窗万户，呈现出一片欣欣向荣的气象。当人生的气运衰败的时候，建筑不会像西方的石屋，屹立无恙，漠然地注视着世态的转变。它们是有生命的，自然就随着主人衰败了。"①并且中国的建筑为了加强线条的意味，还要强化屋脊，点缀飞檐，形成飞舞的姿势，这样的建筑就更容易损毁，力量感相对比较差。

漫长的中世纪过后，文艺复兴标志着现代审美文化的开端，大体可以将文艺复兴到20世纪中叶这一历史时期看做西方的现代文化时期（后现代文化可以看做是现代文化的一部分）。如果说中世纪艺术的力量在于神的力量，那么现代艺术的力量感则来自人。以交响乐为例，我们可以深切感到现代艺术的力量感。

① 汉宝德：《中国建筑文化讲座》，三联书店2006年版，第188页。

「海顿（公元1732年—1809年）

「莫扎特（公元1756年—1791年）

「贝多芬（公元1770年—1827年）

现代关于交响乐的概念，形成于18、19世纪之交。以海顿、莫扎特、贝多芬三位音乐巨匠为首的维也纳古典乐派，使得交响乐真正进入了黄金时代。交响乐是由大型管弦乐队演奏的，它一般包含四个独立乐章的器乐套曲。交响乐是音乐创作的最高形式，就像宏伟壮丽的史诗一样，成为人类文明的积淀。维也纳古典乐派的集大成者贝多芬一生创作了大量的作品，我们谨以他的《第五交响曲》和《第九交响曲》为例就可以感觉到交响乐的力量感与崇高美。

《第五交响曲》也叫《命运交响曲》。贝多芬在交响曲第一乐章的开头，写下了一句引人深思的警语："命运在敲门！"从而被引用为本交响曲具有吸引力的标题。作品的这一主题贯穿全曲，使人感受到一种无可言喻的感动与震撼。

第一乐章展示了一幅斗争的场面，音乐象征着人民的力量如洪流般以排山倒海之势，向黑暗势力发起猛烈的冲击。乐曲一开始出现的强有力的富有动力性的四个音，也就是贝多芬称为"命运"敲门声的音型，这就是主部主题。这一主题在以后的各乐章中不断出现、发展。第二乐章，是一首优美的抒情诗，宏伟而又辉煌，同第一乐章形成了对比。第三乐章在调性上，回到了动荡不安的情绪，像是艰苦的斗争还在继续，它是通向第四乐章的过渡和转换。其中圆号奏出一个非常活跃的、号角般的新主题，那熟悉的节奏，使听众一下子就能确认第一乐章的主题在这里以另一种形象出现了。第四乐章充满光明和无比欢乐的情绪，是欢呼胜利的热烈场面。宏大的尾声，响起了C大调光辉灿烂的凯旋进行曲，它具有排山倒海的气势，表现出人民经过斗争终于获得胜利的无比欢乐。舒曼评价这首乐曲说："尽管你时常听到这部交响曲，但它对你总是有一股不变的威力——正像自然界的现象虽然时时发生，却总教人感到惊恐一样。"

贝多芬的《第九交响曲》，因为乐曲第四乐章加入了大型合唱，故后人称之为《合唱交响曲》。第四乐章的合唱部分是以德国著名诗人席勒的《欢乐颂》为歌词而谱曲的，后来成为该作品中最为著名的主题曲。《第九交响曲》被公认为是贝多芬在交响乐领域的最高成就，是其音乐创作生涯的最高峰和总结。其中，第四乐章在主题"欢乐颂"开始之前，音乐经历了长时间的器乐部分演奏的痛苦经历，含有对前三个乐章的回忆。整个乐章的核心是合唱的"欢乐颂"主题，这是一首宏大的变奏曲，充满了庄严的宗教色彩，气势辉煌，是人声与交响乐队合作的典范之作。"欢乐女神，圣洁美丽，灿烂光芒照大地，我们心中充满热情，来到你的圣殿里……"一听到这样的旋律，圣洁之感就油然而生，合唱的宽广音域带来排山倒海的力量感，音乐的力量感在交响乐中得到了充分的展示。

以上，我们在西方文化中撷取了古希腊的雕塑、中世纪的教堂、现代的交响乐，作为艺术门类的代表，来显示西方艺术精神的“力”的内涵，以求得与中国艺术精神中“舞”的内涵形成对比。这样的比照是为了寻求艺术门类内在的相通性。研究艺术门类可以有许多视角，站在美学与文化的交叉点上，立足于艺术作品的感性体验，对艺术门类进行形而上的分析和对比，可以对艺术门类有更深入的理解和领悟。但是同时，这种研究很难容纳和概括所有的艺术门类和所有时代的艺术类型，这种用精练性的词语所作的鉴赏性判断，本身就具有一定的主观性和模糊性。但是，艺术品本身所具有的空虚、空白和不确定性给这种研究提供了可能。深入研究艺术门类，包括技法研究，应该主要是部门艺术学理论的工作，而作为艺术总论的艺术学，对艺术门类的研究应该更多侧重美学的和文化学的判断、分析，这样也许会开拓一片新天地。

请你思考

1. 目前中国的城市在建设标志性建筑时常常请西方的设计师进行设计，于是我们看到“鸟巢”、国家大剧院、中央电视台新楼等建筑出现，请从文化学与美学的角度谈谈你对这些建筑的看法。

2. 请你举出各艺术门类的实例，来分别说明中国美学史上两种不同的美的理想：“错彩镂金”的美和“芙蓉出水”的美。

延伸阅读

宗白华《艺境》

这一节我们进行了艺术门类的学习，我们研究艺术门类是根源于中西文化不同的艺术精神，我们都知道著名的美学家宗白华先生所作的研究很多都涉及了中西艺术的比较问题，他对西方艺术的省察在他所处的时代具有拓荒的意义。一个中国学者如何看待西方的艺术？一个在写意的文化背景中濡染的学者如何体认写实的艺术？雕塑，尤其是人体雕塑，作为西方艺术的精彩乐章具有一种需要细细体味的美。宗白华先生引领我们走进罗丹的世界，走进罗丹的雕塑，也走进罗丹的心灵。

"艺术能表现'动'，照片不能表现'动'。'动'是自然的'真相'，所以罗丹说：'照片说谎，而艺术真实。'"[①]罗丹通过自己的雕塑艺术表现"动"，罗丹做到了。

雕塑是静止的，但是雕塑凝固的是一个具有包蕴性的瞬间。宗白华先生发现"我们再拿一张照片摄的《行走的人》和罗丹雕刻的《行走的人》一比较，就觉得照片中人提起了一只脚，而凝住不动，好像麻木了一样；而罗丹的石刻确是在那里走动，仿佛要姗姗而去了。这种'动象的表现'要诸君亲来罗丹博物馆里参观一下，就相信艺术能表现'动'，而照片不能。"[②]

罗丹自己告诉我们这其中的秘密。"你们问我的雕刻怎样会能表现这种'动象'？其实这个秘密很简单。我们要先确定'动'是从一个现状转变到第二个现状。画家与雕刻家之表现'动象'就在能表现出这个现状中间的过程。他要能在雕刻或图画中表示出那第一个现状，于不知不觉中转化入第二现状，使我们观者能在这作品中，同时看见第一现状过去的痕迹和第二现状初生的影子，然后'动象'就俨然在我们的眼前了。"[③]

宗白华认为："罗丹的雕刻最喜欢表现人类的各种情感动作，因为情感动作是人性最真切的表示。罗丹和古希腊雕刻的区别也就在此。希腊雕刻注重形式的美，讲求表面的美，讲求表面的完满工整，这是理性的表现。罗丹的雕

①②③ 宗白华：《艺境》，北京大学出版社1986年版，第27页。

刻注重内容的表示，讲求精神的活泼跃动。所以希腊的雕刻可称为‘自然的几何学’，罗丹的雕刻可称为‘自然的心理学’”。[①] 在罗丹的作品里，自然都是美的。罗丹的雕刻中有奇丑的女人、有愁惨的人生、有哭也有笑，罗丹让这一切的雕塑都变成美的化身。

宗白华先生看了罗丹的雕塑，也看到了人间的光明，他说："我们知道我们一生生命的迷途中，往往会忽然遇着一刹那的电光，破开云雾，照瞩前途黑暗的道路。一照之后，我们才确定了方向，直往前趋，不复迟疑。纵使本来已经是走着了这条道路，但是今后才确有把握，更增了一番信仰。"[②] 罗丹的雕塑在宗先生心中就是这道电光，具有异乎寻常的意义。但也许不仅是罗丹的雕塑有意义，而是宗先生的理解有精妙之处，生活中不是缺少美，而是缺少发现。发现并领悟雕塑的美，宗先生做到了，我们每一个艺术的爱好者、每一个艺术的学习者是否也可以同样做到呢？所以我向大家推荐阅读宗白华先生的作品，尤其是《看了罗丹雕刻之后》。

① 宗白华：《艺境》，北京大学出版社1986年版，第28页。

② 同上，第24页。

后　记

写一本书，工夫在书外。

写作的过程就是我讲述艺术理论的过程，教学相长，在与本科生、研究生思想的碰撞中，我知道如何去写一本大家可能去读，可能喜欢读，可能有收获的书。

在这里，我要感谢我所在的中国戏曲学院能给我一个不断思考、不断学习的舞台，并且鼓励我发掘自身潜力，书写对艺术的点滴体会。衷心感谢杜长胜先生长期以来对我学术上的指导和肯定，我些许的进步都与先生的悉心帮助分不开；衷心感谢梁建明老师对我的鼓励和关心，正是梁老师的“加压”和信任，使得我有心情和勇气去完成这本书的写作；真诚感谢曹林、李钢和耿光印三位老师，他们无私的支持和帮助让我心怀敬意。

高等教育出版社惠助于我，慨然应允出版我稚拙的作品。蒋文博老师、邵小莉老师，为本书的编辑出版付出了大量心血，在此一并表示衷心的谢意。本书得到北京市教委对中青年骨干教师的资助，谨致谢忱。

作者

2011年12月

郑重声明

高等教育出版社依法对本书享有专有出版权。任何未经许可的复制、销售行为均违反《中华人民共和国著作权法》，其行为人将承担相应的民事责任和行政责任；构成犯罪的，将被依法追究刑事责任。为了维护市场秩序，保护读者的合法权益，避免读者误用盗版书造成不良后果，我社将配合行政执法部门和司法机关对违法犯罪的单位和个人进行严厉打击。社会各界人士如发现上述侵权行为，希望及时举报，我社将奖励举报有功人员。

反盗版举报电话　(010) 58581999　58582371

反盗版举报邮箱　dd@hep.com.cn

通信地址　北京市西城区德外大街4号

　　　　　高等教育出版社法律事务部

邮政编码　100120

图书在版编目（CIP）数据

艺术概论新编／刘三平编著．—北京：高等教育出版社，2012.4（2024.7重印）
ISBN 978-7-04-033091-5

I.①艺…　II.①刘…　III.①艺术理论-高等学校-教材　IV.①J0

中国版本图书馆CIP数据核字（2012）第008296号

策划编辑　蒋文博
责任编辑　邵小莉
封面设计　王凌波
责任校对　王　雨
责任印制　耿　轩

出版发行　高等教育出版社
社　　址　北京市西城区德外大街4号
邮政编码　100120
购书热线　010-58581118
咨询电话　400-810-0598
网　　址　http://www.hep.edu.cn
　　　　　http://www.hep.com.cn
网上订购　http://www.landraco.com
　　　　　http://www.landraco.com.cn

印　　刷　河北信瑞彩印刷有限公司
开　　本　787mm×1092mm　1/16
印　　张　14.5
字　　数　281千字
版　　次　2012年4月第1版
印　　次　2024年7月第4次印刷
定　　价　35.00元

物 料 号　33091-00